L'AVENTURE DE VIEILLIR

DU MÊME AUTEUR

La Mort intime, Robert Laffont, 1995 ; Pocket, 2006.

L'Art de mourir, Robert Laffont, 1997 ; Pocket, 2000.

La Quête du sens, Albin Michel, 2000.

Nous ne nous sommes pas dit au revoir, Robert Laffont, 2001 ; Pocket, 2002.

Le Grand Livre de la tendresse, Albin Michel, 2002.

Le Souci de l'autre, Robert Laffont, 2004 ; Pocket, 2005.

Mourir les yeux ouverts, Albin Michel, 2005 ; Pocket, 2007.

La chaleur du cœur empêche nos corps de rouiller, Robert Laffont, 2008 ; Pocket, 2010.

La Sagesse d'une psychologue, Jean-Claude Béhar éditions, 2009 ; Pocket, 2013.

Une vie pour se mettre au monde, avec Bertrand Vergely, Carnets Nord, 2010 ; Le Livre de poche, 2011.

Qu'allons-nous faire de vous ?, avec Édouard de Hennezel, Carnets Nord, 2011 ; Le Livre de poche, 2013.

Nous voulons tous mourir dans la dignité, Robert Laffont-Versilio, 2013 ; Pocket, 2015.

(suite en fin d'ouvrage)

MARIE DE HENNEZEL

L'AVENTURE DE VIEILLIR

Robert Laffont | Versilio

ISBN 978-2-221-26784-4
Dépôt légal : novembre 2022
Éditions Robert Laffont – 92, avenue de France 75013 Paris
Éditions Versilio – 28, rue Bonaparte 75006 Paris

Avant-propos

Vieillir n'est pas facile.

On a beau masquer comme on peut la mauvaise image que nous avons de la vieillesse, changer les mots, parler de « longévité » pour contourner le mot qui fâche, vieillir est encore synonyme de naufrage. Avec son cortège inévitable de pertes et de diminutions.

La sémantique reste importante. Elle envahit la publicité antiâge qui montre à quel point vieillir est interdit.

Ceux qui prennent de l'âge ne s'y trompent pas : il faut lutter contre ce fléau, rester jeune à tout prix. Le jeunisme – et son corollaire l'âgisme[1] – a encore de beaux jours devant lui.

Qui n'a pas été choqué, il y a quelques années, par la campagne de publicité de Virgin Radio, que j'ai découverte placardée sur les autobus parisiens. Elle montrait des corps d'adolescents artificiellement vieillis, les rendant particulièrement laids et repoussants. Et son slogan sous forme d'injonction : « Ne vieillissez pas trop vite ! » Les réactions à cette manifestation âgiste n'ont pas tardé, et les affiches ont été rapidement enlevées. Mais le mal était fait. La vieillesse était cruellement désignée comme une réalité à éviter, du moins à retarder autant que possible.

Pourtant, nombre de témoignages de personnes vieillissantes montrent que vieillir

---

1. Pour Pascal Champvert, président de l'AD-PA (Association des directeurs au service des personnes âgées), « l'âgisme est la discrimination par l'âge qui conduit à dévaloriser les vieux et le phénomène du vieillissement ». Tribune de Pascal Champvert et Marie de Hennezel, « Contre l'impératif jeuniste, changeons de regard sur la vieillesse », *Le Figaro*, 2 février 2018.

peut être une expérience intéressante, que l'on peut arriver à un âge avancé en ayant encore le goût de vivre et d'apprendre. Il est possible de vieillir heureux.

Dire que vieillir est une chance, à condition de rester autonome, en bonne santé et d'avoir des moyens financiers importants, est certes vrai. Mais ce n'est pas tout à fait exact, car vieillir heureux dépend d'autre chose que de la richesse et de la santé.

Tout est donc une question d'état d'esprit.

L'image que nous renvoie la société, celle que nous nous sommes forgée nous-mêmes du vieillir, est si déficitaire, si négative, si moche que le changement de regard sur l'avancée en âge exige un véritable retournement.

« Comment en sommes-nous arrivés là ? Vraiment ? Quel manque d'imagination ! » s'est écriée Ariane Mnouchkine devant deux cents citoyens de plus de 60 ans, rassemblés au Théâtre du Soleil pour le lancement du CNaV [1] en février 2022. « C'est à vous, à votre

1. Conseil national autoproclamé de la vieillesse.

génération », a ajouté la femme de théâtre de 83 ans, de « nourrir l'imagination de vos enfants et petits-enfants, et de montrer que le mot *vieux* n'est pas synonyme de *rebut*, que vieillir, c'est autre chose. »

Vivre son avancée en âge comme une *aventure* et non comme un désastre est un enjeu sociétal majeur. Il s'agit bien d'un enjeu, celui de la cohésion sociale de notre société vieillissante. Imaginons une seconde que la génération des boomers reste dans l'angoisse et le déni du vieillir, entretienne ses illusions jeunistes, puis, quand elle aura compris qu'il est vain de vouloir rester jeune à tout prix, sombre brutalement ou progressivement dans le désespoir ! Nous aurions dans dix, quinze ans toute une population dépressive qui pèserait lourd sur les générations plus jeunes. Le poids du vieillissement de la société n'est pas seulement financier et économique, puisque l'allongement de la vie devrait permettre de générer des emplois et une « silver économie ». Nous pouvons en revanche redouter un poids psychologique.

Que feraient nos enfants si tout un pan de la population perdait un jour le goût de vivre ? Comment réagiraient-ils si leurs parents âgés ne trouvaient plus aucun sens à leur existence et vieillissaient dans le tourment ? Ne risquons-nous pas, alors, de voir émerger une épidémie de suicides assistés, surtout si, d'ici là, notre loi l'autorise ?

Dans un superbe article intitulé « Je suis vieille et je vous emmerde[1] », Laure Adler s'exprime sur son expérience de l'âge. Refusant que la vieillesse soit abordée par le prisme du déclin et de la tristesse, elle clame qu'elle est heureuse de vieillir : « Vieillir, c'est accueillir ce qui vous arrive dans l'intensité d'un présent qui, autrefois, vous était dérobé par le vacarme du monde, le tourbillon des projets, le songe des désirs inavoués. […] Une sorte d'acceptation des choses, de l'inattendu, une disposition à être là, juste là. »

1. *Libération*, 9 août 2022.

Depuis presque quinze ans maintenant, je suis témoin, en tant que psychologue, de ce que vivent les plus de 60 ans, et j'espère, dans les pages qui suivent, vous convaincre que vieillir peut être vécu autrement que comme une calamité. Je le soutiens, à travers le titre même de cet ouvrage : vieillir peut devenir une *aventure heureuse, féconde, intéressante.* Une aventure avec ses risques et ses périls, ses joies et ses surprises. Une aventure avec son lot de deuils, mais aussi de découvertes, qu'il importe d'aborder avec lucidité et conscience. Bref, une expérience qui vaut le coup.

Les réflexions que je mène avec des groupes de personnes vieillissantes m'ont beaucoup appris, et j'ai assisté à la naissance d'une vraie *culture du bien vieillir*. J'entends par là l'art de vivre autrement, en acceptant la dégradation du corps tout en prenant conscience de ce qui continue à croître, de ce qu'il reste à découvrir, dès lors que l'on demeure ouvert de cœur et d'esprit, ouvert au *nouveau*. Le désir des plus de 60 ans que l'on s'intéresse à ce qu'ils vivent de *spécifique* est réel. Il y a une soif d'en parler. Les échanges sont d'une qualité rare. Car oser aborder sans tabou toutes les questions, parfois intimes, que chacun se pose en avançant en âge est un exercice enrichissant. On se confie, on apprend des autres, on cherche ensemble comment combattre ses peurs, mieux connaître ses propres ressources internes, comment voir, sentir et aimer autrement. Bref, comment prendre son vieillir à bras-le-corps. Au lieu de devenir des vieillards aigris et repoussants, on peut alors espérer porter autour de soi la joie et la chaleur humaine dont notre monde a tant besoin.

Cette *aventure*, la génération des boomers à laquelle j'appartiens est en train de l'inventer, de l'improviser. Nous sommes en quelque sorte des pionniers.

D'ailleurs, j'assume totalement le mot de *vieux*, ce n'est pas un vilain mot. Je pense que le jour où notre société l'assumera elle aussi, sans honte ni réticence, elle aura fait un pas de géant.

Je suis donc une jeune *vieille* qui a décidé d'être une « décalée féconde », expression que j'emprunte volontiers à Alexandre Jardin [1]. J'en suis fière. Je suis reconnaissante d'être encore en vie à mon âge, d'avoir cette chance d'être en bonne santé, car je sais que d'autres, emportés plus jeunes par la maladie, n'ont pas eu ce privilège. Je compte bien essayer de faire de mon vieillir une expérience *heureuse, féconde et intéressante.* Et accompagner mes contemporains dans cette voie.

1. *Les Magiciens*, Albin Michel, 2022.

I

Et si vieillir était une chance ?

Rester jeune, ce n'est pas seulement un impératif irréaliste. C'est un impératif imbécile. Pourquoi vouloir « rester » quelque chose ? Devenir est plus intéressant, à condition de faire mentir l'adage qui veut que vieillir soit une défaite de soi, pour en faire une construction.

Barbara Polla[1]

Ne vous obstinez plus à vouloir faire jeune, vivez votre vieillesse avec toute la

1. Barbara Polla, *Femmes hors normes*, Odile Jacob, 2017.

force de ce que vous êtes et de ce que vous avez appris.

Francis Carrier,
cofondateur du CNaV

Si tu savais comme j'aurais aimé vieillir, pour bercer le monde.

Christiane Singer[1]

Parmi les boomers devenus septuagénaires ou octogénaires, et bénéficiant d'une espérance de vie exceptionnelle[2], il y a ceux qui refusent la vieillesse et la combattent à grand renfort de soins esthétiques, de compléments alimentaires antiâge, ceux qui la subissent passivement et « se fabriquent un enfer, à

1. Ces mots ont été prononcés quelques jours avant sa mort, à l'âge de 65 ans. Christiane Singer, *Derniers fragments d'un long voyage*, Albin Michel, 2007. Elle a écrit aussi *Les Âges de la vie*, chez Albin Michel, en 2015 (avec un chapitre consacré à la vieillesse).

2. Actuellement, près de 80 ans pour les hommes et près de 87 ans pour les femmes. À distinguer de l'« espérance de vie sans incapacité », qui s'élève à 63,4 ans pour les hommes et 64,5 ans pour les femmes.

force de râler[1] », et d'autres qui, militants et pionniers, acceptent d'inaugurer une nouvelle manière d'avancer en âge. Ces derniers ont décidé d'envisager leur vieillissement non pas comme un naufrage, mais comme un privilège.

Si je cite Christiane Singer en exergue à ce chapitre, c'est que j'ai été bouleversée lorsque, à son chevet dans l'unité de soins palliatifs de Vienne où elle terminait sa vie, elle m'a confié son immense regret de mourir jeune.

Peu de gens osent, encore aujourd'hui, reconnaître que vieillir est une chance. Seuls les problèmes soulevés par le vieillissement de la population sont évoqués. Il faut donc à la fois changer notre regard sur l'avancée en âge et entamer d'urgence une révolution. Pas uniquement une révolution sémantique, comme bannir l'expression « antiâge » de notre vocabulaire, mais une révolution politique et sanitaire : une vraie politique nationale de prévention de la perte d'autonomie.

1. Paule Giron, *Vieux et debout*, Éditions In Press, 2017.

On clame sur tous les toits qu'il faut se préparer au défi du grand âge, car l'horloge démographique de la France reste implacable : entre 2030 et 2050, le nombre des 85 ans et plus va croître de 90 %. La France a donc dix ans devant elle pour, comme le dit la presse, « se préparer à vivre avec des baby-boomers vieillissants[1] ». Ceux-ci représentent aujourd'hui 20 % de la population. Les gériatres tirent donc la sonnette d'alarme : le système sanitaire ne pourra faire face à un tel afflux de personnes qui risquent d'être en perte d'autonomie.

Les plus de 60 ans, conscients de l'enjeu, veulent désormais que toute décision les concernant soit prise avec eux et uniquement avec eux[2]. Les boomers se sont construits sur la valeur de l'autonomie. Sa préservation

1. « La France doit se préparer au défi du grand âge », *Le Monde*, 12 août 2022.

2. Voir la création du CNaV, p. 9.

implique de repenser tous les aspects de la vie : la mobilité, l'habitat, la santé, la solidarité. Prenons l'exemple de l'habitat. On vante depuis longtemps le virage domiciliaire – c'est-à-dire le maintien à domicile des personnes âgées le plus longtemps possible – pour leur permettre de vivre dans un environnement familier, susceptible de préserver les liens affectifs. Mais ce virage ne se prend pas. Des experts, comme Pascal Champvert[1], ne sont pas convaincus que ce soit la meilleure solution. Car il arrive un moment où, malgré les aménagements de son domicile, la fragilité du corps réclame l'aide d'autrui.

Refusant malgré tout la perspective de terminer leur vie dans des EHPAD, dont ils ont désormais une si mauvaise image[2], les plus de

1. Président de l'AD-PA et auteur de *Prendre soin de nos aînés, c'est déjà prendre soin de nous*, Carnets Nord, 2012.

2. La publication du livre de Victor Castanet *Les Fossoyeurs : Révélations sur le système qui maltraite nos aînés*, Fayard, 2022, y a contribué.

60 ans réfléchissent à un habitat qui permette à la fois d'« être chez soi et ensemble[1] ». Le concept de « béguinage solidaire[2] » se développe et sera d'ailleurs au cœur de mon prochain ouvrage.

Mais la prévention de la perte d'autonomie dépend aussi de tout ce que notre société peut inventer pour sortir de l'âgisme[3] ambiant, afin que ceux qui vieillissent cessent de se sentir « honteux » et conservent leur estime de soi, qu'ils n'aient pas l'impression d'être exclus, laissés sur le bord du chemin. Pour qu'ils continuent à se sentir utiles et qu'ils aient le sentiment d'avoir leur place dans la société.

---

1. Le 16 mai 2022, Ariane Mnouchkine a reçu les membres du CNaV à la Cartoucherie de Vincennes, pour une journée consacrée à l'habitat.

2. Parution en 2023 de *Vieillir solidaire*, coécrit avec Tristan Robet, Robert Laffont / Versilio.

3. Le 2 février 2018, j'ai cosigné avec Pascal Champvert une tribune dans *Le Figaro* : « Contre l'impératif jeuniste, changeons le regard sur la vieillesse ».

Sommes-nous tous égaux face à cette manière de considérer le vieillissement ? Face à cette prévention de la perte d'autonomie ?

L'argument de la précarité économique est souvent brandi pour décréter que seules les personnes ayant un niveau de vie aisé peuvent prétendre aborder leur vieillissement comme une aventure. Je ne suis pas d'accord. J'ai connu des personnes très âgées, notamment sur l'île d'Yeu où je passe du temps, qui, malgré leurs retraites très modestes, sont heureuses d'être vieilles et vivent leur avancée en âge comme une aventure. Inversement, j'ai rencontré des gens très âgés, sans aucun souci financier, vivant une vieillesse malheureuse, tourmentée, et se révélant des poisons pour leur entourage.

La capacité de vivre son vieillir comme une *aventure* ne dépend pas tant des conditions de vie que de l'état d'esprit dans lequel on aborde cette période de l'existence et des liens que l'on a su préserver. C'est pourquoi notre société doit lutter de toutes ses forces contre l'isolement.

Boris Cyrulnik[1] affirme avec raison que la manière dont nous vivons cette révolution de la longévité, une vieillesse longue, produit de la civilisation, du progrès scientifique et technique, dépend en grande partie « de la façon dont nous avons vécu notre petite enfance, de la stabilité affective » que nous avons connue, de l'environnement, de l'éducation reçue. « On constate que ceux qui ont la vieillesse la plus épanouie sont aussi les anciens bons élèves. Lorsqu'ils atteignent l'âge de la retraite, ils ont acquis des ressources internes, une culture, une sociabilité, et leur santé est meilleure qu'il y a trois générations… Quand une personne âgée est isolée, c'est l'assurance d'avoir une dégradation neurologique dans les mois qui viennent », assure-t-il.

Les plus de 60 ans sont conscients qu'ils ont une responsabilité personnelle dans le maintien de leur autonomie : bouger, bien

1. Propos recueillis par Sarah Krakovitch et Anastasia Vécrin dans *Libération*, 10 août 2022.

s'alimenter, rester en lien ont été et sont toujours les préconisations mises en avant par le ministère de la Santé. Mais, de plus en plus, ils savent qu'il est important de préparer son esprit aux changements : voyager vers son intériorité et rester ouvert au nouveau.

Cependant, nous ne sommes pas tous égaux face au vieillissement. Les ennuis de santé, la maladie empêchent-ils de garder un regard positif sur la vie et le vieillir ? Quand j'interroge les plus de 60 ans, tous me disent connaître des personnes fragiles ou malades qui restent néanmoins optimistes et font le choix de voir le verre à moitié plein. Cet optimisme est sans doute plus facile à garder lorsque l'on est entouré et aimé. C'est pourquoi ma génération a compris qu'il fallait rester solidaire des plus isolés, des plus fragiles physiquement et des plus déprimés. C'est d'ailleurs en exerçant cette solidarité entre vieux que ceux-ci conservent l'estime d'eux-mêmes et le sentiment d'être utiles.

Il suffit de regarder ailleurs, où la solidarité intergénérationnelle fait partie des valeurs humaines, comme au Maghreb, en Afrique, au Japon, en Chine, en Inde par exemple, pour constater combien les plus âgés sont respectés et entourés, parfois même considérés comme des sages. Le Japon, où la densité de centenaires est la plus élevée au monde, met en musique cette solidarité. Les *moai* sont des petites communautés, au sein d'un quartier ou d'un immeuble, dans lesquelles se réunissent des personnes d'un grand âge qui établissent entre elles un contrat de solidarité, humain et financier. Si l'un des membres de la communauté n'a plus les moyens de vivre ou de se soigner, la communauté prend en charge ses besoins. Et cela reste valable même si l'âgé perd tout à fait son autonomie.

Penser son avancée en âge comme une aventure demande donc une révolution du regard : voir la vieillesse comme une chance ; une révolution politique : s'intéresser à ce que vivent et pensent les vieux, et ne rien décider sans eux ; une révolution sanitaire : penser la prévention en termes de préservation de l'estime de soi.

II

Aimer son âge

Je peux désormais me faner dans ma vérité.

J'ai eu mon lot, maintenant c'est le meilleur moment de ma vie.

J'étais plus fragile avant, maintenant je relativise tout.

J'existe autant que lorsque j'avais un métier.

On se débarrasse de beaucoup de choses inutiles, les épaules baissent… c'est confortable.

J'apprécie ma grande indépendance. Je fais ce que je veux[1].

1. Ces paroles de vieux de plus de 80 ans sont tirées du documentaire de Ludovic Virot *Le Sens de l'âge*.

Je me suis libérée d'une bonne partie des contraintes, des peurs, et de l'indécision de mes jeunes années.

Audre Lorde[1]

Je pense à tout ce qui en moi a été apaisé, équilibré, apprivoisé, à tout ce dont je me suis délestée, avec de moins en moins de scrupules et d'hésitations, heureuse d'avoir enfin les coudées franches, de pouvoir aller à l'essentiel.

Mona Cholet[2]

Histoire d'un concept et d'une expérience

Vieillir est un travail qu'il faut mener joyeusement.

Dr Olivier de Ladoucette, gériatre

Parler du vieillissement, de l'avancée en âge, comme d'une aventure m'est venu il

1. Audre Lorde, poétesse et essayiste afro-américaine citée dans *Sorcières* de Mona Cholet.

2. Mona Cholet, *Sorcières, la puissance invaincue des femmes*, Zones, 2018.

y a une quinzaine d'années. Alors que j'arrivais moi-même à l'âge de 60 ans, j'ai été invitée à participer à une conférence intitulée « Comment accepter de vieillir ? ». Je n'avais jusque-là jamais réfléchi à cette question. En l'explorant, j'ai découvert l'existence des centenaires de l'île d'Okinawa, au Japon, des vieillards heureux, considérés par leurs descendants comme des trésors et des porte-bonheur. Appartenant à cette fameuse génération de boomers qui accède aujourd'hui à la vieillesse en bonne santé, mais qui crève de peur de vieillir, tant l'image qu'elle se fait du vieillissement est délétère, j'ai eu envie de transmettre, dans un livre [1] les secrets de cette longévité heureuse. Et j'ai compris que c'était à ma génération de montrer aux plus jeunes que vieillir peut être autre chose qu'un désastre, qu'une histoire de dégradation physique et mentale. Notre responsabilité est de permettre à la société de changer son regard.

---

1. Marie de Hennezel, *La chaleur du cœur empêche nos corps de rouiller*, Pocket, 2010.

Je suis allée à la rencontre de « vieillards remarquables », des presque centenaires heureux de leur âge, rayonnants, vivant leurs dernières années de vie comme une *aventure.* Leur témoignage m'a permis d'affirmer que vieillir est une expérience paradoxale. Le corps décline, certes, mais le cœur et l'esprit peuvent rester jeunes, et même explorer une nouvelle jeunesse, à partir du moment où l'on reste *ouvert* au nouveau. J'ai entrepris alors une série de conférences sur l'*art de bien vieillir* et des séminaires avec des gens de ma génération[1].

À l'époque, le ministère de la Santé avait lancé un plan « Bien vieillir[2] », avec trois préconisations : bien s'alimenter, bouger, rester en lien. Il en manquait la dimension psychologique et spirituelle, au sens large du

1. Les conférences et les séminaires sont organisés par la mutuelle Audiens. Voir mes chroniques sur audienslemedia.org

2. Le plan « Bien vieillir » lancé par Philippe Bas, ministre délégué aux Personnes âgées, en 2003.

terme. Une dimension essentielle à la préservation de l'*estime de soi.*

Des années plus tard, à l'époque où le film *Le Sens de l'âge*[1] du cinéaste Ludovic Virot est sorti, je me suis intéressée aux plus vieux. À ceux qui précèdent ma génération, les 80-100 ans. En découvrant ce film, j'ai compris ce que la vieillesse avait de spécifique, et qu'il y avait vraiment un art de vieillir, un dernier chapitre à écrire au livre de notre existence.

Dans ce documentaire remarquable, six octogénaires s'expriment avec une authenticité désarmante. Ils partagent leur vulnérabilité, leurs incertitudes face à l'avenir, et surtout la manière dont ils vivent cette ultime période de leur vie. Ils racontent leurs histoires sans se raconter d'histoires. Le talent du cinéaste est d'être allé les chercher au plus profond de leur intimité. « Les interviews étaient des exercices difficiles pour moi. Je me bousculais, je forçais une politesse convenue et inutile pour saisir une certaine vérité, la leur… en retour

1. Film documentaire de 2011.

je sentais comme une reconnaissance de leur part de m'être vraiment intéressé à eux [1]. »

Ludovic Virot se souciait du vécu spécifique de ces personnes. Un vécu bien éloigné des poncifs sur la vieillesse, à savoir un temps où l'on s'ennuie, où il n'y a plus rien à vivre d'intéressant. Les vieux et vieilles qu'il a filmés ont évoqué leurs désirs qui changent, leur soif de vivre, leur rapport au temps, leurs joies, leur curiosité, leur envie d'aller à l'essentiel, leur découverte d'eux-mêmes. Cet « autre état » qu'est la vieillesse. Aucun tabou dans ces témoignages. La dégradation physique, le deuil des proches, la mort et même la disparition du désir sexuel sont abordés. Avec tact, avec douceur.

« Enfin, et c'est presque un cliché, je crois que ceux qui ont vécu longtemps ont des choses à partager avec nous [2]. »

Ce film montre bien que, si le corps décline, le cœur et l'esprit peuvent rajeunir, une vérité

1. Gaétan Kondzot, interview de Ludovic Virot.
2. *Ibid.*

inaccessible aux outils statistiques de la rationalité scientifique. Il montre aussi à quel point les plus âgés sont reconnaissants, lorsque l'on s'intéresse à ce qu'ils vivent.

C'est dans ce but, permettre aux âgés de s'exprimer, que j'ai proposé d'animer un parcours « L'aventure de vieillir » dans les résidences services Domitys[1]. L'écoute des plus de 60 ans (à nouveau, nous représentons 20 % de la population) m'a confirmé ce vécu paradoxal du vieillir. J'ai entendu des hommes et des femmes qui aspirent à une vieillesse *intéressante*, et sont conscients des enjeux. Ils savent qu'ils ne vieilliront pas comme leurs parents, car ils n'ont pas les mêmes cartes dans les mains. Mais ils savent aussi que vieillir n'est pas facile, qu'ils doivent bâtir cette vieillesse-là, et que cela implique un travail, un combat, des renoncements et des choix à faire.

1. Le premier parcours « L'aventure de vieillir » a été proposé dans la résidence de Louverné, en 2011.

L'ouverture au nouveau m'a semblé être alors la *clé* de cette aventure. Bien vieillir, ce n'est pas s'accrocher pathétiquement à sa jeunesse. C'est tenter l'aventure. Avec ses risques, ses surprises, ses joies et ses peines. C'est en fait rester pleinement vivant.

Les résidences services seniors qui correspondent à un vrai désir de vieillir chez soi, autonome, tout en bénéficiant de la sécurité et de la convivialité d'une résidence, se développent à toute vitesse. Après avoir animé dix-sept parcours « L'aventure de vieillir », j'ai décidé de former des psychologues à ma façon de travailler, afin qu'elles (ils) prennent le relais. Je me suis aperçue que ces psychologues, qui ont souvent des vacations dans les EHPAD, ont tendance à pathologiser la vieillesse. Elles (ils) ont intégré l'image déficitaire que véhicule notre société, et, sans même s'en rendre compte, cantonnent leur rôle à l'écoute des souffrances liées au vieillissement. Le but du parcours « L'aventure de vieillir » n'est pas d'offrir un lieu et un temps pour discuter de ce qui ne va pas, ou se lamenter – ce qui ne veut pas dire qu'une écoute des aléas du vieillir ne soit pas nécessaire par ailleurs. Le but est d'offrir un temps et un lieu pour partager ce que chacun découvre en vieillissant, ce que chacun vit d'*intéressant*. Ma formation consiste donc à transmettre à mes collègues mon expérience et tout ce que j'ai entendu et appris au fil des années.

Comment les très vieux parlent de cette « aventure »

> *Ces vieux-là ne sont pas les vieux de nos clichés. Ils ne parlent pas pour ne rien dire. Leurs mots sont pesés et soupesés*[1].
>
> Pierre Le Coz

> *Malgré les aléas qui jalonnent la vie,*
> *Décidons de semer les bons grains du bonheur,*

1. Pierre Le Coz, philosophe, dans une interview à propos du film de Ludovic Virot *Le Sens de l'âge*.

Fleurissons nos années, endiguons le malheur,
Rassemblons nos atouts et gagnons la partie.

Poème de Gilbert Robert,
résident chez Domitys

Qu'ai-je appris, en animant ces séminaires et ces groupes de parole depuis quinze ans ?

Qu'il était urgent de laisser les personnes vieillissantes s'exprimer. Je me suis rendu compte de la solitude des vieilles personnes qui ont le sentiment qu'on ne s'attache pas à ce qu'elles vivent de particulier. Pas étonnant alors que tant de vieux se taisent, s'isolent ou se plaignent de toutes sortes de maux. Comme si la société n'avait été formée qu'à entendre les maux de la vieillesse. Comme si les vieux n'avaient plus rien à dire, à apporter, à transmettre. Or, en leur donnant la parole, en leur offrant la possibilité d'échanger entre eux autre chose que des plaintes ou des regrets, en les invitant à partager leurs expériences heureuses, nous leur permettions de garder l'estime d'elles-mêmes. Et l'estime de soi s'avère fondamentale dans le maintien de l'autonomie.

Pour que cette parole propre aux vieux puisse circuler librement, il importe de créer des moments propices, des lieux où se sentir en sécurité. Dans les parcours « L'aventure de vieillir », j'ai invité les participants à s'asseoir en cercle. Parce que, en cercle, chacun a le sentiment d'avoir sa place. De faire communauté. Chaque prise de parole a sa valeur. J'ai proposé aussi de respecter ce que j'appelle les règles du partage : la parole de chacun est accueillie, non commentée, non jugée. Chacun doit pouvoir aller jusqu'au bout de ce qu'il souhaite dire sans être interrompu. Quinze ans d'expérience d'animation de ces groupes m'ont enseigné que le respect de ces règles garantit la libre circulation de la parole et contribue à établir très vite une confiance à l'intérieur du groupe.

J'ai d'ailleurs constaté que des amitiés naissaient, au bout de quelques séances seulement. Des amitiés précieuses, fondées sur le partage d'une certaine intimité. Car, le lecteur l'aura compris, il ne s'agit pas dans ces groupes de parler de la pluie et du beau temps, des potins, ni même de politique. C'est une intériorité qui s'exprime, se dévoile, alors que, de l'avis même des participants, il est rare de pouvoir le faire.

C'est donc dans ce cadre que j'ai accueilli une parole libre, originale, sincère et parfois d'une profondeur insoupçonnée. Cette parole doit être prise en compte. Pour deux raisons essentielles : les vieux qui sont entendus conservent le sentiment d'avoir leur place dans la société. Ils ne se sentent pas exclus. Ils n'ont pas honte d'être vieux. Ensuite, cela permet aux jeunes générations de moins avoir peur d'avancer en âge, dès lors que leur imagination aura été nourrie de témoignages enviables et qu'elles auront une image plus juste du vieillissement.

Nous avons eu des pionniers dans cette voie. Je pense à tous les vieillards remarquables que j'ai eu la chance de rencontrer. Je me souviens des mots de sœur Emmanuelle, morte à 99 ans : « J'arrive à la cime de ma vie et je regarde le monde et les autres avec une infinie tendresse. Cette contemplation tendre me procure une immense joie. » Mais aussi de ceux de Stéphane Hessel, Robert Misrahi, Benoîte Groult. Tous trouvaient la vie « fantastique », « fabuleuse ». Sans nier que sur un certain plan la vieillesse est un naufrage, elle apporte, disaient-ils, autre chose : une jeunesse du cœur, un dynamisme, une curiosité, une sensualité, une manière nouvelle de contempler et d'apprécier les choses. « Je découvre la richesse des voyages immobiles », confiait ainsi Benoîte Groult.

Ce que disent les vieux d'aujourd'hui va dans ce sens. Ils se sentent plus libres. Pour Boris Cyrulnik, la vieillesse a été un moment d'accomplissement, et l'âge lui a apporté beaucoup de liberté. « N'ayant plus de carrière à faire, je pouvais enfin dire ce que je pensais : cela a authentifié ma parole. Avant, j'étais obligé de réciter la parole des maîtres, la doxa. »

Ils savourent le présent. Ils deviennent contemplatifs, perçoivent des choses qu'ils ne voyaient pas étant plus jeunes. Leur sensualité ne vieillit pas, au contraire. Un vieil homme de 80 ans rencontré sur un chemin m'avait dit un jour : « Quand je regarde un arbre, je l'apprécie, je le savoure autrement qu'il y a dix ou vingt ans. » Évoquant cette excursion qu'il fait tous les étés, et qui lui demande aujourd'hui cinq ou six heures, contre une heure lorsqu'il était jeune, il me dit : « Voyez-vous, madame, je la vis tellement différemment. Je marche lentement, je m'arrête souvent. Je contemple le paysage. Je connais par cœur le nom des fleurs sur le bord du chemin. Lorsque j'avais 20 ans, je ne les remarquais même pas ! Je respire leur parfum, j'écoute les bruits dans le lointain : celui des cascades, des cloches au cou des vaches qui paissent dans les pâturages d'été. » Et j'ai découvert alors, sur le visage de ce vieil homme, une expression de véritable joie.

Les personnes vieilles ont-elles juste à accepter ce qui est, à vivre le présent ? Ce rapport différent au temps, cet accueil de ce qui vient, cette capacité de se laisser surprendre et de ne pas passer à côté de certaines choses ne sont-ils pas justement ce qui permet d'être ouvert au nouveau, créatif, libre ?

Un autre regard sur les autres s'installe également. « Vieillir, ce n'est pas renoncer », affirme Laure Adler[1], c'est « être sauvage, en colère, passionné. Et surtout résister face à la tentative de relégation et d'invisibilisation qu'impose aux plus âgés le reste de la société. »

Il est temps que cette parole spécifique des vieux soit entendue. Des événements récents ont réveillé les gens, les pouvoirs publics, les associations, les think tanks, les lobbies économiques de la silver économie. Je pense bien sûr au Covid et aux mesures sanitaires qui ont révélé le mépris des rites autour de la mort[2], le non-respect des droits des personnes âgées,

1. *Libération*, 9 août 2022.
2. *L'Adieu interdit*, Plon, 2020.

l'équivalence perverse entre âge et fragilité. Et plus récemment la publication de ce brûlot bien nécessaire : *Les Fossoyeurs*, de Victor Castanet, dénonçant un système où l'argent prime sur l'humain[1].

Tout le monde est d'accord : on ne peut pas continuer en ayant une image aussi dégradée et honteuse de la vieillesse, un système fondé sur l'exclusion des vieux, un discours permanent sur le « poids » que représente le vieillissement de la population. On ne peut pas continuer avec la promesse d'un horizon indigne, dont la seule échappatoire serait le droit d'anticiper sa mort.

Je reste convaincue que donner la parole aux vieux et les écouter est la clé d'un changement de l'image terrible que nous avons du vieillissement. Je regardais un soir un débat grand public à la télévision, dont le thème était la peur de vieillir. En début d'émission[2], quand l'animateur, Stéphane Bern, a posé la question

1. Victor Castanet, *Les Fossoyeurs*, Fayard, 2022.
2. *L'Arène de France* (France 2, 2006-2007).

« Faut-il avoir peur de vieillir ? », 72 % du public invité a répondu « oui ». Le débat en plateau rassemblait la ministre chargée des Personnes âgées, un représentant syndical des maisons de retraite, un philosophe, une femme âgée qui avait éprouvé le besoin de se faire refaire entièrement le visage, un polytechnicien obsédé par l'abolition de la vieillesse et persuadé que la science y parviendra, l'écrivain Roger Dadoun, auteur de *Manifeste pour une vieillesse ardente* (Zulma), et l'actrice Tsilla Chelton, âgée de 88 ans, célèbre pour son rôle de Tatie Danielle[1]. Elle était si lumineuse, si belle, qu'on ne voyait qu'elle. C'était le genre de programme où tout le monde parle à bâtons rompus sans véritablement s'écouter, mais, ce soir-là, il s'est passé quelque chose. Et je crois que, grâce à lui, notre pays a fait un petit bond en avant. D'abord, l'émission a eu le courage de donner la parole à des vieux et ainsi de montrer la vieillesse. Mais le moment fort de l'émission, son tournant, est

1. Film d'Étienne Chatiliez sorti en 1990.

arrivé quand Tsilla Chelton a pris la parole. La caméra faisait des gros plans sur son visage, vieux et marqué par le temps. Mais tout le monde était manifestement sous le charme de la présence qu'elle dégageait. Et soudain, faisant face au public, elle s'est écriée, avec force et conviction : « Mais, c'est intéressant de vieillir ! On est enfin libre ! » Le public a semblé ébranlé. À la fin de l'émission, lorsque l'animateur a posé à nouveau la question « Faut-il avoir peur de vieillir ? », 63 % des membres du public représentant la France ont répondu « non » !

Il suffisait donc qu'une vieille dame convaincue affirme avec force que vieillir est intéressant pour que l'image si dévaluée que l'opinion avait de cette réalité de l'âge soit modifiée. La parole des vieux sur ce qu'ils vivent est bien la clé de la révolution de la longévité.

Des séminaires sur l'art de vieillir en restant désirant

> *Au Japon, on entend bien souvent cette phrase adressée à quelqu'un qui vient d'atteindre 65 ans : « ima kara desu », qui signifie : « C'est maintenant que tout commence ! »*

Les témoignages de personnes âgées qui, osant parler de ce qu'elles vivent d'*heureux*, de *fécond*, d'*intéressant*, nous montrent que ce n'est pas une utopie, nous questionnent sur la façon de résister à l'image collective si négative du vieillissement. Comment affronter nos peurs, comment *travailler* à *bien vieillir*. Vieillir s'apprend-il ?

Je suis persuadée que les années qui nous séparent du grand âge sont une chance qui nous est donnée de nous préparer psychologiquement et spirituellement à cette ultime étape de la vie. Pour apprendre à vieillir.

Bien entendu, notre manière de vieillir ne dépend pas toujours de nous. Les facteurs génétiques, sociaux, économiques pèsent lourd, mais nous pouvons, grâce à nos comportements et à nos ressources les plus secrètes, faire de l'avancée en âge une aventure pleine d'intérêt, une croissance et non pas un déclin.

Surtout, j'ai découvert qu'en échangeant avec d'autres personnes du même âge, les plus démunis face aux aléas du vieillissement retrouvent une forme de courage et d'espoir. J'assiste à une *solidarité entre vieux* qu'il est bon d'explorer et de développer.

Il ne s'agit pas d'idéaliser la vieillesse, mais de révéler ce qui mérite de l'être, sans mièvrerie ni complaisance. Sinon, comment pourrons-nous accepter de vieillir ?

Comment accepterons-nous les transformations de notre corps, si nous n'explorons pas en même temps le pouvoir rayonnant de certaines émotions, comme la joie ou la gratitude ? Si nous ne renonçons pas à nous regarder nous-mêmes, pour regarder le monde autour de nous et nous émerveiller ? Comment accepterons-nous la solitude, si nous n'apprenons pas à être bien avec nous-mêmes, paisibles, réconciliés avec notre vie et notre entourage ; si nous ne cultivons pas les valeurs de l'âge que sont la solidarité et le souci de l'autre ? Comment accepterons-nous les contraintes d'un temps et d'un espace limité, si nous n'avons pas exploré l'illimité de notre esprit et de notre cœur ?

Dans cette aventure, certaines clés peuvent être utiles.

Au fil des séminaires proposés aux retraités d'Audiens[1], j'ai identifié quelques *clés* du bien vieillir. Elles sont discutées, commentées, souvent enrichies par les participants. C'est ainsi que, lorsque nous avons célébré les dix ans de « L'art de bien vieillir » au théâtre Montparnasse, en décembre 2018, nous avons pris acte du désir des plus de 60 ans de se responsabiliser et de s'engager dans ce travail. Cette culture du bien vieillir n'est pas une tentative jeuniste de refus du vieillissement, au contraire.

1. Depuis quinze ans, la mutuelle Audiens propose à ses retraités du spectacle, de l'audiovisuel et de la presse quatre séminaires par an que j'anime, intitulés « L'art de vieillir ».

Il s'agit de réfléchir à ce que chacun peut faire pour rester vivant et désirant, tout en demeurant lucide sur les difficultés qui parfois accompagnent la vieillesse. Mes séminaires ne relaient pas des injonctions à bien vieillir qui pourraient rapidement devenir tyranniques. Je refuse cette tyrannie discrète et culpabilisante : « Vieillissez, mais vieillissez bien, sinon vous deviendrez un poids pour vos enfants. » Non, il s'agit plutôt de prendre conscience de la chance de vieillir. Et tenter de faire de son vieillir une aventure qui ait du sens. C'est ainsi que la *vieillesse intéressante* tant désirée par ma génération peut rendre heureux celui qui la vit. Et ce bonheur de vieillir est ce que les générations plus jeunes souhaitent à leurs parents vieillissants. Nous avons donc la mission de leur transmettre une image positive, radieuse, légère du vieillissement.

Dans l'ouvrage coécrit avec mon fils Édouard de Hennezel, *Qu'allons-nous faire de vous*[1] *?*, nous avons donné la parole à la génération des

1. Marie de Hennezel et Édouard de Hennezel, *Qu'allons-nous faire de vous ?*, Carnets Nord, 2011.

35-50 ans. Il apparaît clairement que leur vœu est que leurs parents soient heureux dans leur vieillesse. « C'est ainsi que vous serez légers pour nous ! » disent-ils.

Une génération responsable

> *Le jour où ma fille m'a dit : « Te voir vieillir me rassure et me donne un avenir », j'ai compris que les jeunes, loin de nous oublier, attendent que nous leur ouvrions les portes de leur propre avenir.*
>
> Paule Giron [1]

Les pionniers que nous sommes ont une double responsabilité : défricher ce territoire pour les générations à venir en inventant un nouvel art de vieillir, de nouveaux lieux pour y vieillir quand nous ne pourrons plus rester chez nous. Tout en contribuant à construire une image différente de la vieillesse et changer le regard de notre société sur elle.

1. Paule Giron, *Vieux et debout*, *op. cit.*

L'autre responsabilité est de ne pas peser sur les générations plus jeunes en étant heureux de vieillir, en faisant de cette expérience du grand âge une aventure enviable. En devenant des « porte-bonheur » et non des poisons pour l'entourage. Nous bénéficions d'une longévité exceptionnelle. Et nous vivons dans une société où la transition entre la force de l'âge et la vieillesse est beaucoup plus longue. Autrefois, elle se jouait en cinq ans. Aujourd'hui, la tranche d'âge de 55 à 80 ans vit un « âge d'or ». Une « vie en plus » en bonne santé, qui nous est octroyée alors que les générations précédentes n'en ont pas bénéficié.

Il y a quinze ans, le gériatre Olivier de Ladoucette m'a confié lors d'une interview : « Quand je dis aux gens qu'ils vont vivre centenaires, ils sont effarés. Mais je leur fais remarquer qu'ils vieilliront différemment de leurs parents. Leur itinéraire sera différent. Ils ont des choix de vie différents, des façons de se nourrir, de faire du sport, un accès aux soins qui n'existaient pas autrefois. Leur façon d'appréhender les problèmes, l'importance des loisirs et celle qu'ils accordent au fait de se faire plaisir ne sont pas les mêmes. Leurs parents, eux, ont connu les guerres, ils se sont souvent mal nourris, ils ont tous fumé, ils ne faisaient pas de sport. »

Nous sommes aussi une génération qui a fait sauter bien des verrous, qui a un autre rapport à la liberté, qui s'est construite sur la valeur de l'autonomie. Tout cela nous engage.

Cette exploration d'un nouvel art de vieillir ne doit pas buter contre l'écueil évoqué plus haut : le jeunisme, la tyrannie du bien vieillir. Ce serait insupportable et pathétique. Et il n'y a pas plus vieux que celui qui refuse de vieillir. Le jeunisme peut tenir un temps, le temps d'une certaine illusion, mais, comme le corps périclite, le basculement dans le grand âge peut être alors un *naufrage*, si l'on ne s'est pas préparé.

C'est pourquoi la première clé que nous explorons, une fois que nous sommes au clair avec nos peurs, c'est l'acceptation du paradoxe du vieillir. Accepter de vieillir tout en restant jeune intérieurement. Jeune de cœur et d'esprit. Ouvert à tout ce que l'âge apporte de nouveau.

III

Des pistes pour cette aventure

Comprendre et accepter le paradoxe du vieillir.

> *Je vis un paradoxe, plaisir de vivre, tristesse que la fin approche*[1].
>
> *Vieillir est une inconnue : tout se délite, et en même temps s'ouvre un espace de grâce*[2].

Vieillir est un paradoxe. Trois auteurs, à

1. Cité dans le film de Ludovic Virot.

2. Parole entendue lors de la rencontre du CNaV, le 12 février 2022, au Théâtre du Soleil.

des périodes différentes de l'Histoire, l'ont exprimé d'une manière remarquable.

Saint Paul, dans la deuxième épître aux Corinthiens : « Tandis que notre homme extérieur s'en va en ruine, notre homme intérieur se renouvelle de jour en jour. »

Victor Hugo : « Je sais bien que je ne vieillis pas, et que je grandis au contraire, et c'est à cela que je sens l'approche de la mort. Quelle preuve de l'âme ! mon corps décline, ma pensée croît ; sous ma vieillesse il y a une éclosion. »

Et Albert Jacquard, dans un échange que nous avons eu alors qu'il avait 86 ans : « Vieillir, c'est continuer à participer avec des moyens qui changent. Bien sûr, je cours moins vite, je saute moins haut. Mais, tant que je peux fabriquer en moi des émotions nouvelles, partager quelque chose avec d'autres, faire que les autres s'enrichissent à mon contact, je ne suis pas un être trop vieux. Je suis un vieux au sens africain du mot : quelqu'un vers qui l'on vient comme vers une source [1]. »

1. Repris dans *Var-Matin*, 2 février 2020.

Lors d'une réunion du CNaV à la Cartoucherie de Vincennes, Ariane Mnouchkine, la fondatrice du Théâtre du Soleil, avait dénoncé le manque d'imagination qui consiste à ne voir dans la vieillesse qu'une dégringolade. Une femme de 90 ans a alors ajouté : « Vieillir est une inconnue : tout se délite, et en même temps s'ouvre un espace de grâce. » Elle a parfaitement exprimé ce paradoxe : le corps décline, mais la pensée continue à croître, et on peut s'ouvrir au nouveau. Il peut y avoir une éclosion.

L'ouverture ne passe plus par l'extérieur, elle se produit à l'intérieur de la personne. L'acceptation du déclin physique est déjà un travail en soi. Un chemin de deuil et de renoncement. On réalise au fil de l'avancée en âge que l'on voit, on entend, on marche moins bien. On ne fait plus à 70 ans ce qu'on faisait à 50, ni à 90 ans ce que l'on pouvait faire à 70.

L'acceptation du vieillissement physique implique une « révolution narcissique [1] ». Passer

1. Marie de Hennezel, *Sex & Sixty*, Robert Laffont / Versilio, 2015.

du corps que l'on a et que l'on voit dans le miroir au « corps que l'on est », c'est-à-dire au corps vécu, au corps habité, au corps de présence. Et cette révolution narcissique permet de cesser de se lamenter, pour regarder du côté de ce qui n'est pas destiné à s'user ni à diminuer : le cœur et l'esprit.

Bien sûr, il existe un vieillissement cognitif. Et il est certain que ceux qui en sont atteints n'ont pas accès à la « croissance de la pensée » ni de l'esprit. Mais le déclin cognitif, contrairement au déclin physique, n'est pas une fatalité. Les gériatres nous disent aujourd'hui que seulement 20 % des plus de 90 ans risquent d'en souffrir. Il y a donc 8 nonagénaires sur 10 qui vivent cette croissance de la pensée, et j'en ai été témoin de multiples fois.

Comprendre et accepter le paradoxe du vieillir permet de mieux accepter les atteintes narcissiques et de se tourner vers ce qui reste jeune à l'intérieur de soi.

Dans le cadre de mes séminaires, j'ai découvert que les femmes étaient mieux loties que les hommes face à ce paradoxe. En les écoutant, il s'avère que la majorité d'entre elles se dégagent de l'injonction tyrannique du « rester jeune à tout prix ». Et souvent ce sont elles qui aident les hommes à comprendre et accepter le paradoxe. Ce sont elles qui les aident à « voyager vers leur intériorité », à rester créatifs, à demeurer ouverts au nouveau. Enfin, ce sont souvent elles qui les entraînent dans l'aventure. L'aventure de vieillir.

Affronter la peur de vieillir

Nous sommes conscients que nous entrons dans « l'âge cassant ».

René Char

Vieillir fait peur. Ce constat a d'ailleurs été confirmé récemment par le baromètre France 2025 de Generali, réalisé en partenariat avec Radio Classique et l'institut de sondage Viavoice entre octobre 2021 et mai 2022.

Ainsi, les Français expriment d'abord des sentiments négatifs, lorsque l'on évoque l'idée d'avancer en âge : 37 % ressentent de l'inquiétude, 33 % de la résignation. Ils sont seulement un quart à se dire sereins face à cet enjeu de la vieillesse. Ce baromètre met en évidence le peu d'information (59 % des interrogés s'en plaignent) et d'accompagnement des Français vieillissants. Cela confirme que la peur de vieillir est bien liée aux projections qu'ils font et à l'image si négative de la vieillesse. Et un Français sur deux pense qu'en 2025, on vivra plus longtemps, mais avec une moins bonne santé et une moins bonne qualité de vie.

Autre donnée intéressante de ce baromètre : en France, l'entrée dans la vieillesse se fait autour de 67 ans, soit quelques années après l'âge de la retraite. Et 59 % des personnes de cet âge estiment que préserver son autonomie, prévenir les maladies, valoriser la place des seniors dans la société et favoriser l'intergénérationnel sont essentiels au « bien vieillir ».

À la racine de cette peur de vieillir, il y a l'image terrible de la vieillesse évoquée plus haut. Mais il existe aussi toute une série de stéréotypes, que nous déconstruisons dans mes séminaires, comme l'idée qu'il n'y a plus rien à découvrir et que tout ce qui valait la peine d'être vécu est désormais derrière soi. Ce pessimisme traduit un manque de confiance dans sa capacité à s'adapter et à rester désirant.

Autre stéréotype : l'idée que les vieux sont inutiles et qu'ils représentent un poids pour la société. Cela est faux. La silver économie nous démontre tous les jours que le vieillissement de la société est source d'emplois et génère une activité économique. D'autre part, l'utilité n'est pas liée à la production. Ce n'est pas parce qu'une personne ne produit plus rien qu'elle est inutile. Les retraités sont souvent beaucoup plus actifs qu'ils ne l'étaient lorsqu'ils avaient un travail. La quasi-totalité du bénévolat en France est assumée par les plus de 60 ans. Et la société tient grâce à eux. Ne parle-t-on pas de la génération pivot (les 60-75 ans) qui aide, financièrement et en service, à la fois ses enfants et ses vieux parents ?

Le fait d'établir une équivalence systématique entre le grand âge et la dépendance est aussi un stéréotype à déconstruire. La perte d'autonomie n'est pas une fatalité, comme nous l'avons vu plus haut.

La peur de vieillir, d'assister impuissant aux pertes et diminutions qu'impose le fait d'avancer en âge est souvent au cœur de nos échanges. Dans les groupes avec lesquels j'explore cet art de bien vieillir, nous commençons toujours par nous interroger sur nos peurs. Quelles sont-elles ? Les nommer est essentiel, mais il faut aussi chercher les ressources et les forces qui nous permettent de les apprivoiser.

Certaines peurs sont moins importantes et tenaces que d'autres, comme celle de perdre son statut social ou son activité. En prenant sa retraite, on redoute ce temps qu'il va falloir remplir, celui de l'oisiveté. On va perdre un rythme rassurant de travail, le contact avec ses collègues. En changeant de rôle, on a peur de devenir inutile. Cela peut être un passage difficile que de plus en plus de gens préparent.

D'autres peurs peuvent être de véritables obstacles. J'en ai identifié sept[1].

La peur du vieillissement physique : le corps s'use, on craint qu'il devienne laid, de ne plus être séduisant. Il faut affronter le regard d'autrui : « Comme tu as vieilli ! » La peur d'être un poids, un poids pour la société, pour sa famille, pour les jeunes générations. La peur très répandue de la dépendance. Avoir un jour à confier son corps aux mains d'autres pour les besoins les plus intimes et perdre son autonomie. La peur de la démence sénile, de la maladie d'Alzheimer. Une peur que justifie le chiffre de cent soixante mille nouveaux cas par an. Aucun d'entre nous n'est à l'abri.

La peur d'être « placé » dans une maison de retraite sans son accord ; de vieillir dans une institution dans laquelle on perdrait son identité, son intimité, et où l'on risquerait la

---

1. Voir Marie de Hennezel et Bertrand Vergely, *Une vie pour se mettre au monde*, Le Livre de poche, 2011.

maltraitance. La peur de la solitude ou plus exactement de l'isolement. Enfin, et non des moindres, la peur de mourir et de mal mourir, car, au fond, vivre et vieillir, c'est se rapprocher de sa mort.

Il n'est pas bon de laisser ses peurs dormir dans un placard. Elles reviennent un jour ou l'autre, parfois avec force, et presque toujours lorsqu'on est vulnérable et fragile. Alors, elles vous submergent. Je fais partie des « psy » qui pensent que la plupart de ceux qui résident dans nos établissements pour personnes âgées dépendantes n'ont jamais regardé leurs peurs en face. Et ils assistent impuissants au retour du refoulé. La démence est certainement une manière de s'absenter d'un monde ou d'une réalité à laquelle on ne peut s'adapter, car on l'a écarté de son champ de conscience.

L'objet même de ces séminaires est de réfléchir à tous les moyens de prévenir ce qui nous fait peur. D'explorer tous les moyens de prévention que nous connaissons. Mais nous sommes conscients que nous entrons dans « l'âge cassant », comme disait René Char. L'âge fragilise, rend plus vulnérable. Il nous faut donc apprendre à inclure cette vulnérabilité à venir dans notre manière de penser l'avancée en âge, et peut-être découvrir que cette vulnérabilité nous ouvre à du nouveau.

Affronter ses peurs implique trois étapes : les identifier, réfléchir à ce que l'on peut faire en matière de prévention et enfin, si jamais ce qui nous fait peur nous tombe dessus malgré tout ce que nous avons fait pour éviter que cela arrive, déceler les ressources internes sur lesquelles nous pouvons nous appuyer afin d'empêcher un désastre.

Assumer une révolution narcissique

Je ne me regarde plus jamais dans le miroir, car c'est désespérant. Je regarde à l'intérieur de moi, car à l'intérieur je suis jeune.

Citation attribuée à Woody Allen

Revenons sur la peur de ne plus plaire, de ne plus être aimé et de se retrouver seul… Quelles appréhensions les marques du temps sur le corps, le psychisme et l'esprit suscitent-elles ? L'interdit de vieillir est si violent dans notre société que certaines femmes guettent les signes du vieillissement à 40 ans et certaines même commencent à avoir recours trop tôt à la chirurgie esthétique. Cette obsession de garder une peau lisse, sans marques du temps, devient une véritable aliénation, entretenue par la publicité et les médias. Les crèmes antiâge – et non plus antirides – occupent tout l'espace publicitaire, et rares sont les journaux qui ouvrent leurs colonnes à des articles de fond sur l'expérience de vieillir, de mûrir et de s'accomplir. Nous sommes là devant une gigantesque tromperie.

Heureusement, les sexagénaires d'aujourd'hui ont compris qu'elles « se font avoir ». D'un lifting à l'autre, leur visage perd toute expression, leurs lèvres repulpées soulignent encore plus leur âge. Elles perdent finalement leur beauté et leur charme.

La peur de ne plus séduire, de ne plus se sentir désirée, peut provoquer une dépression, un repli sur soi qui entraîne une solitude. Un travail de deuil d'un corps et d'un visage jeunes reste à faire, un travail sur l'image de soi.

Quand on a compris que le cœur ne vieillit pas, on découvre que la jeunesse émotionnelle est une jeunesse que l'on ne perd pas, qu'elle peut au contraire s'approfondir. La beauté des personnes vieillissantes réside dans l'expression de leur visage. Cela s'appelle le charme, qui lui ne vieillit pas. Le regard et le sourire ne vieillissent pas. Ils viennent de l'intérieur, ce sont les fenêtres de l'âme.

Il y a quelques années, la marque cosmétique Dove, appartenant au groupe Unilever, concurrent de L'Oréal, a osé choisir et photographier une femme de 96 ans pour sa campagne de pub. Irène Sinclair, qui pose avec son visage creusé de rides, affiche un sourire éclatant. Elle irradie. À côté de la photo, on pouvait lire : « Ridée ou Radieuse ? » Cette image et cette question résument la distinction que nous devons faire entre la corporéité (ridée) et la corporalité (la manière d'être dans son corps, ici : radieuse).

Cette publicité va, en fait, bien plus loin qu'une incitation à consommer les produits de la marque. Elle nous montre la voie. Certes, il nous faut faire le deuil de notre peau jeune, accepter nos rides, mais une autre beauté nous est accessible, celle de la jeunesse émotionnelle. Nous pouvons faire rayonner notre joie. Notre corporalité l'emporte alors sur notre corporéité. Accepter son image de vieil homme ou de vieille femme est donc possible. Tout se passe comme si la transformation physique obligeait progressivement l'appareil psychique à intégrer ce changement.

Ce travail de deuil de sa jeunesse physique, je le nomme « révolution narcissique ». D'autres psychanalystes, comme Gérard Le Gouès, parlent du « stade des rides ». On sent très bien la différence entre les personnes âgées qui sont narcissiquement centrées sur elles, se plaignent sans arrêt, et les personnes qui sont bien à l'intérieur d'elles-mêmes. Celles-ci rayonnent d'une certaine plénitude d'être, sont ouvertes aux autres. Elles attirent, quand les autres font le vide autour d'elles.

Faire alliance avec son corps

Au moment de l'écriture de ce livre, je tombe sur le magnifique témoignage de l'écrivain italien Erri De Luca[1], qui considère la vieillesse d'aujourd'hui comme « un âge expérimental ». Il s'engage dans ce temps nouveau « en novice, avec un esprit d'improvisation ». Avantagé par une bonne complicité avec son corps, il l'interroge, l'écoute. Son corps lui « demande d'aller pieds nus », de mettre sa peau en contact avec les éléments de la nature « pour favoriser l'échange entre l'intérieur et l'extérieur. Le bronzage n'a rien à y voir, ce sont le vent, la pluie, le sable, la terre qui comptent… sa capacité de jeûne est ancienne et mystérieuse. Il n'est gavé que depuis peu. C'est la première fois que ce corps, prototype

1. Dans *Libération*, 12 août 2022.

commun à l'espèce humaine, est soumis à l'expérience collective de prolonger sa vie biologique… son objectif, et le mien, n'est pas de prolonger à outrance la durée de la vie, mais de la garder en bon état au jour le jour, tant qu'il y en a ».

C'est bien ce souci-là – établir une complicité avec notre corps pour vieillir en bonne santé – qui nous rassemble, lorsque nous échangeons entre nous, dans les groupes de parole. Après tout, c'est le corps qui nous porte tout au long de notre vie. Veiller à ce que ce corps, appelé à décliner, reste en meilleure santé possible est de notre responsabilité.

Dans mes séminaires, nous partageons ce que nous faisons pour prendre soin de nous. Ce partage s'est avéré d'une richesse particulière, car les habitudes des uns donnent des idées à d'autres. En dehors des préconisations évidentes concernant la surveillance médicale régulière des yeux, des oreilles, du cœur, de la densité osseuse, des bilans sanguins à faire tous les ans, les plus de 60 ans savent que bien s'alimenter, bouger permet de préserver leur autonomie.

Lorsque l'on regarde du côté des centenaires qui résident dans les fameuses « zones bleues », notamment à Okinawa, au Japon[1], on se rend compte que le point commun de ces centenaires en bonne santé est leur mode d'alimentation et les activités qu'ils continuent à exercer : la marche, le chant, le jardinage, la gymnastique douce ou énergétique (comme le tai-chi). Les Japonais pratiquent la marche en forêt, le *Shinrin Yoku*[2], sorte de sylvothérapie à la nippone. Une marche méditative qui permet de respirer l'air des forêts, de toucher les arbres, de les enlacer, de leur parler[3].

1. Cf https://audienslemedia.org/accueil/pagecontent2/nouvelle-liste-articles/bien-vieillir-au-japon.html

2. Lire *Shinrin-Yoku, l'art et la science du bain de forêt*, Dr Qing Li, First, 2018.

3. Les arbres libèrent, en journée, des phytocides qui diminuent le taux de cortisol, l'hormone responsable du stress. Le sol forestier libère une bactérie dont l'inhalation augmente le taux de sérotonine dans le cerveau.

Le Dr Saldmann[1] insiste, quant à lui, sur la nécessité d'avoir une activité physique intense pendant au moins trente minutes par jour (vélo, natation, marche rapide), de façon à limiter la perte musculaire qui est de 2 % par an à partir de 30 ans. « L'activité physique limite la perte musculaire. Mais la clé du succès, ce n'est pas seulement de faire du sport, c'est surtout de s'adonner à une activité que l'on aime. Si la motivation est là, le reste suivra[2]. »

Ma génération a compris que marcher est essentiel. Nous sommes ainsi nombreux à avoir téléchargé une application santé sur nos smartphones pour vérifier le nombre de pas effectués chaque jour. L'idéal étant d'arriver à dix mille.

Le sommeil a aussi un rôle important. « Nous avons besoin de sept heures trente de sommeil en moyenne par nuit. Si nous rognons

1. Frédéric Saldmann, *La Santé devant soi*, Robert Laffont, 2022.

2. Interview du Dr Saldmann dans *La Vie* – hors-série « Psychologie », septembre 2022.

sur ce temps-là, nous affectons notre santé. Avec l'âge, cela a tendance à diminuer[1]. »

De plus en plus de seniors explorent des activités venues de l'Orient, comme le tai-chi, le qi gong, qui mettent l'accent sur l'enracinement du corps. Un corps qui n'est pas uniquement constitué de chair, d'os et d'organes, mais qui est aussi énergétique. Ce corps-là n'est pas destiné à diminuer. Selon la tradition taoïste chinoise, le qi gong cultive l'idée qu'il y a un potentiel, une vitalité à faire fructifier chez l'être humain qui reste inexploitée. Il s'agit du *huichun*, qui signifie « retour à la jeunesse ».

Lors de mes voyages en Chine avec la Fondation Victor-Segalen[2], j'ai pu observer tous ces groupes de vieux Chinois et Chinoises

1. *Ibid.*

2. La Fondation Victor-Segalen, qui fut présidée par Valéry Giscard d'Estaing, a réuni Français et Chinois autour de thématiques pour échanger et faire évoluer les perceptions. J'ai eu le privilège de participer à plusieurs rencontres, entre 2015 et 2018, notamment sur le thème du vieillissement.

qui se rassemblent le matin dans les squares pour pratiquer le qi gong. Je comprends mieux pourquoi les aventuriers de ma génération se lancent dans cette pratique : il s'agit de renforcer ce potentiel énergétique, par des mouvements quotidiens doux, lents et accessibles à tous. C'est ainsi qu'ils réussiront à garder une certaine vitalité, même si leur corps devient plus fragile.

Le yoga, que l'on peut commencer tard dans la vie grâce à une pratique douce – le hatha yoga –, répond à la même exigence : essayer de maintenir son tonus musculaire et sa souplesse. Dans un article récent, Isabelle Morin-Larbey, professeure et formatrice de yoga, souligne les bénéfices d'une pratique régulière : redresser la colonne vertébrale, relever le regard, garder un dos droit, tout cela est important pour découvrir et rencontrer l'autre.

Côté alimentation, il y a maintenant un « consensus alimentaire » : boire de l'eau, bannir le tabac, le café et l'alcool, diminuer les graisses animales, mais consommer de bonnes huiles (huiles d'olive, de colza, des poissons gras), privilégier les fruits – notamment les pommes, qui sont des éponges à cholestérol [1] – et les légumes. Et garder en tête que le sucre est l'ennemi numéro un. Il accélère le vieillissement de l'organisme et accentue les rides en fixant le collagène sous la peau. Ce consensus est d'autant plus facile à adopter qu'il ne bannit pas le plaisir de boire du vin rouge ou de manger du chocolat. Le vin rouge, très tanique, contient du resvératrol, cette mystérieuse molécule qui protège des maladies cardiaques et prolonge la vie. Nous savons aussi que le chocolat noir est un antidépresseur, car il contient du magnésium, des stimulants du système nerveux et de la sérotonine en petites quantités. Il stimule la production d'endorphines, les opiacés naturels du cerveau, et il contient ces fameux antioxydants qui ralentissent le processus du vieillissement.

---

1. On connaît cet adage anglais : « *An apple a day keeps the doctor away.* »

Mais la clé de la bonne alimentation est la restriction calorique : manger peu, mais manger ce que l'on aime. Les Japonais préconisent la frugalité : le *Hara Hachi Bu*. Il s'agit de ne pas manger au-delà de 80 % de sa faim. C'est-à-dire savoir s'arrêter avant la satiété, en ayant une petite faim.

Selon le Dr Saldmann, des études récentes montrent qu'une restriction calorique de 30 % associée à un jeûne séquentiel permet d'augmenter de façon significative l'espérance de vie. La pratique du jeûne intermittent est de plus en plus adoptée[1]. Elle consiste à laisser au minimum quatorze à seize heures entre deux repas, ce qui revient à ne prendre que deux repas par jour, déjeuner et dîner ou bien petit-déjeuner et déjeuner. Ce médecin, dans une interview accordée au magazine *La Vie*, explique qu'il est « personnellement convaincu

1. S'abstenir d'absorber toute nourriture solide pendant quatorze à seize heures permet de vider complètement le tube digestif. On peut, en revanche, boire de l'eau, du café, du thé.

que le jeûne est une cure de jouvence pour notre corps… Contrairement aux idées reçues qui recommandent de ne pas sauter de repas, des études récentes ont montré que ce régime renforce l'organisme, qui a tendance à s'affaiblir avec le temps. L'absence de nourriture permet de réparer les cellules, ce qui diminuerait les risques d'inflammation. Observer cette diète réduirait également notre glycémie, ainsi que la résistance à l'insuline, ce qui reviendrait au final à augmenter notre espérance de vie de 35 % ».

Nous voyons bien que ces nouvelles habitudes alimentaires représentent une sorte d'*aventure.* Qui, dans la génération précédente, a osé braver le sacro-saint principe des trois repas par jour : gros petit-déjeuner, déjeuner copieux et dîner ultraléger ? Qui préconisait la restriction calorique ? Aujourd'hui, nous explorons des voies nouvelles. Nous savons que réduire la consommation de nourriture n'induit pas une perte de plaisir. Manger peu, mais ce que l'on aime, lentement, mâcher tranquillement permet de mieux savourer ce que l’on avale et d’atteindre rapidement une sensation de satiété.

Lors de nombreux échanges avec des hommes et des femmes de ma génération, j’ai constaté que l’essentiel est d’*écouter son corps.*

Comment parler du corps sans parler de notre cerveau et de nos neurones ? La peur de la plupart de mes congénères est de perdre la tête. Le spectre de la maladie d’Alzheimer plane sur tous les esprits. Nous savons peu de choses encore sur les causes de cette pathologie, mais les neurosciences ont démontré que nos neurones, loin de constituer un stock qui s’épuise, peuvent fabriquer des connexions nouvelles jusqu’à la fin de notre vie.

Bien sûr, cela suppose de stimuler constamment ces neurones : combattre l’ennui, solliciter le cerveau par la lecture, l’apprentissage d’une langue, la curiosité intellectuelle, les voyages. Le cerveau déteste la routine. Il faut donc introduire du nouveau dans la vie quotidienne. Ne pas avoir peur du changement, être ouvert à l’inattendu.

L'activité type qu'adore le cerveau est de voyager. Car, en voyage, on change d'hôtel, on découvre des paysages différents, on visite des lieux inconnus, on entend souvent une autre langue, on s'alimente différemment. Cette succession de petits changements fait un bien fou à nos neurones, qui fabriquent alors toutes sortes de nouvelles connexions.

Nous échangeons donc, dans mon séminaire, sur l'art de vieillir, sur nos activités pour faire travailler nos neurones et garder l'esprit ouvert. D'ailleurs, la curiosité d'esprit ne vieillit jamais. Je connais des personnes de plus de 90 ans qui se disent de plus en plus curieuses de tout. Certaines n'hésitent pas à apprendre une nouvelle langue, par exemple. Je cite souvent le cas d'une résidente qui s'était inscrite aux Langues O' pour apprendre le persan… alors qu'elle avait 86 ans. Lorsque je lui avais demandé pourquoi, elle m'avait répondu : « Parce que cela ne sert à rien. » Mis à part l'humour de sa réponse, j'ai pensé qu'il y avait une grande sagesse dans le fait d'aimer apprendre pour le seul plaisir d'apprendre.

Je ne peux clore ce chapitre sur le corps sans parler de la sexualité. Dans l'ouvrage *L'Âge, le désir et l'amour*[1], j'ai exploré cette aventure-là. Le mot *aventure* convient parfaitement aux plus de 60 ans qui n'ont pas renoncé au désir ni à la sexualité. Le sujet est tabou. D'autant plus qu'en vieillissant bon nombre pensent que ce n'est plus de leur âge, et que leur corps vieilli n'est plus désirable. J'ai montré qu'il n'y avait pas de limite d'âge à la vie amoureuse, sexuelle et désirante, puisque le cœur ne vieillit pas et que l'on rencontre dans les maisons de retraite des amours de vieillesse qui n'ont rien de platonique. En revanche, il est essentiel de changer son regard sur la sexualité et le vieillissement.

« Il n'y a pas d'âge pour le désir amoureux, pour la joie érotique et l'intimité charnelle. Mais si l'on cherche à retrouver ce que l'on a connu plus jeune, alors on est perdu[2] », écrivais-je.

1. *Sex and sixty, op. cit.*, repris chez Pocket sous le titre *L'Âge, le désir et l'amour.*

2. *Ibid.*

Cet Éros tardif ne concerne pas tout le monde. Et, surtout, il est singulier, il est « autre ». De pulsionnel et performant, il devient progressivement plus lent, plus tendre, plus sensuel, plus relationnel. Les couples qui se forment sur le tard, ou ceux qui s'aiment encore après bien des années, s'engagent dans cette *aventure* qui demande beaucoup d'intimité, de connivence amoureuse et de confiance : accepter son corps, prendre le temps, ne pas chercher la performance, savoir prendre le plaisir tel qu'il est, tel qu'il vient, sans se focaliser sur *ce qu'il devrait être*, rester inventif. Certains participants à mes séminaires ont confié s'être tournés vers le « slow sex » ou le « sexe tantrique ».

Ce qui est sûr, c'est que maintenir une activité sexuelle en vieillissant garantit une longévité en bonne santé. Les Chinois taoïstes, qui considèrent que le maintien d'une activité sexuelle est la « voie royale » pour régénérer l'énergie vitale, préconisent aux couples de mettre leurs sexes en contact pendant au moins trente minutes, sans chercher à obtenir quoi que ce soit ; ce contact Yin/Yang suffit à redonner aux partenaires l'énergie dont ils ont besoin pour rester vivants et toniques.

Plus près de nous, le Dr Saldmann, dans son livre *La Vie et le temps : les nouveaux boucliers antiâge*[1], nous apprend que ceux qui font l'amour au moins trois fois par semaine semblent avoir dix ans de moins que la moyenne. « Les rapports sexuels nous protègent, écrit-il. Ils freinent l'apparition de nombreuses maladies telles que les cancers et les maladies cardio-vasculaires, améliorent la qualité du sommeil, réduisent le stress, l'anxiété et les états dépressifs, éloignant leur cortège pernicieux de consommation de tabac, d'excès d'aliments sucrés ou d'alcool. »

Dans mes séminaires, la sexualité est parfois abordée, mais il faut beaucoup de tact, de respect pour échanger sur ce sujet encore tabou. Et les obstacles à une vie amoureuse et érotique sont nombreux. Le vieillissement

1. Frédéric Saldmann, *La Vie et le temps : les nouveaux boucliers antiâge*, J'ai Lu, 2012.

sexuel d'abord, mais aussi l'image de soi, la solitude sont autant de freins que les participants hésitent à évoquer. Lorsque le besoin d'en parler émerge dans une rencontre, je propose de le faire en petit groupe, car l'intimité permet plus facilement l'échange. Il est arrivé, cependant, que le thème soit abordé dans les groupes de parole du parcours « L'aventure de vieillir ». J'ai, par ailleurs, constaté que, dans toutes les résidences services où je me suis rendue, des couples se forment. Ce qui confirme bien que le cœur ne vieillit pas.

Trouver la paix du cœur et de l'esprit

Sans savoir pourquoi
J'aime ce monde
Où nous venons pour mourir.

Haïku cité dans le film de
Ludovic Virot.

Ce que donne l'âge, c'est bien la jeunesse du cœur.

Benoîte Groult

Le témoignage de Benoîte Groult est essentiel. Voilà une vieille femme agnostique qui parle remarquablement de ce que lui apporte la vieillesse.

Ma génération est convaincue que le corps et l'esprit sont liés. On sait qu'en prenant soin de son esprit, on prend aussi soin de son corps. Il y a fort longtemps, j'avais assisté à Montpellier à une conférence du médecin du Dalaï-Lama devant un public de sept cents personnes. Parmi elles se trouvaient de nombreux médecins intéressés par les secrets de la médecine tibétaine, une médecine qui ne sépare pas l'esprit et le corps.

Je n'ai jamais oublié l'exercice que ce médecin renommé nous a proposé. Il s'agissait de visualiser un rayon lumineux pénétrant dans la boîte crânienne par la fontanelle, « lieu » que les Tibétains appellent le « chakra sacré ». Ce docteur tibétain nous a alors invités à faire voyager ce rayon de lumière à l'intérieur de notre corps. Un peu comme si nous scannions nos organes, il nous recommanda de nous arrêter plus longuement sur les zones fragiles ou malades de notre organisme. L'exercice dure quelques minutes. L'idée, a-t-il expliqué, est d'aider les cellules de notre corps en leur envoyant de la lumière, celle-ci étant la métaphore de l'énergie.

« Ne croyez-vous pas, a-t-il ajouté, que nos cellules qui travaillent jour et nuit au maintien du bon fonctionnement de notre corps méritent qu'on leur consacre quelques minutes par jour, pour les aider dans leur travail, pour les remercier ? »

Je pratique cet exercice quotidiennement et je l'enseigne dans mes séminaires sur l'art de vieillir. Aussi ai-je lu avec grand intérêt les propos du Dr Saldmann[1] au sujet du lien entre l'esprit et le corps. « Les études montrent que, dès l'âge de 20 ans, les croyants ont une espérance de vie plus élevée que les athées ou les agnostiques de sept ans. » Frédéric Saldmann recommande d'explorer les bienfaits de la prière sur la santé. Selon lui, lorsque nous prions, le système de récompense opéré par

1. Dr Saldmann, *La Santé devant soi*, *op. cit.*

notre cerveau est activé. « La prière engendre une sensation de quiétude, d'apaisement, ainsi qu'une harmonie entre soi et le monde. » Il s'est intéressé aussi à l'apport d'une activité comme le pèlerinage sur la santé. Les pèlerins de Saint-Jacques-de-Compostelle perdraient en moyenne deux kilos pendant leur pèlerinage, et il a été démontré que la pratique du pèlerinage réduit la pression artérielle, le stress, l'anxiété et augmente les défenses immunitaires.

Dans mes séminaires, je propose également une initiation à la pratique de la méditation laïque. Il y a seulement dix ans, enseigner la méditation comme clé du bien vieillir, dans une institution laïque, aurait été suspect. On a longtemps imaginé qu'il fallait être bouddhiste ou hindouiste pour pratiquer cet exercice vieux de deux mille cinq cents ans, même si les premiers chrétiens ont pratiqué eux aussi la méditation !

Or, aujourd'hui, on peut méditer sans se référer à une tradition. Tout le monde peut méditer. La méditation de pleine conscience (*mindfulness*) – on devrait d'ailleurs dire la

« méditation de la pleine présence » – est une méditation qui n'exige aucune obédience religieuse. Enseignée aux États-Unis par Jon Kabat-Zinn, elle est arrivée chez nous il y a quelques années, grâce au psychiatre Christophe André, qui l'enseigne à ses patients à l'hôpital Sainte-Anne.

Les neurosciences s'intéressent à ses effets sur le corps, comme le prouvent la mise en place d'un diplôme universitaire de médecine, méditation et neurosciences à l'université de Strasbourg, et les recherches de Gaël Chételat à l'université de Caen. Son article dans *Le Figaro*, « La méditation peut-elle contribuer au bien vieillir », avait attiré mon attention[1]. Dans celui-ci, elle écrit : « Nous pensons qu'un entraînement mental à la régulation du stress et des émotions par la méditation permettrait d'améliorer le bien-être et la santé mentale des seniors et de diminuer les risques de maladie d'Alzheimer. » Elle cite

1. *Le Figaro*, 23 septembre 2016. Article de Gaël Chételat, directrice de recherche à l'Inserm.

des études qui montrent que dix minutes de méditation par jour permettent de diminuer de deux points la tension artérielle, font baisser le taux de cortisol, l'hormone du stress, stimulent l'ocytocine et les endorphines. D'autres études démontrent l'amélioration des capacités cognitives, ainsi que de la mémoire, et aussi l'augmentation de l'activité des télomérases, qui protègent les extrémités de nos chromosomes des effets délétères du vieillissement.

Des livres, des CD, des stages de méditation se multiplient. Aux États-Unis, des entreprises organisent des séances de méditation de pleine conscience sur le lieu même du travail. En France, la méditation est enseignée à des enfants dans certaines écoles, à travers le livre audio *Calme et attentif comme une grenouille*[1], et l'Inserm mène une étude sur la méthode d'Eline Snel, thérapeute et institutrice de médiation néerlandaise, sur deux cent cinquante enfants scolarisés.

1. Eline Snel, Les Arènes, 2017.

Méditer s'apprend. J'ai enseigné la méthode aux psychologues du Kurdistan irakien chargés de la reconstruction psychologique des réfugiés yézidis et des déplacés de la plaine de Ninive[1]. Ils l'expérimentent avec succès auprès d'une population particulièrement exposée à des deuils massifs et d'enfants ayant subi des sévices d'une cruauté inimaginable. J'ai constaté sur place que des êtres humains traumatisés peuvent renforcer leur capacité de résilience en méditant. J'ai donc décidé d'initier les participants à mes séminaires à cet outil efficace pour lutter contre la dépression, le stress et l'angoisse de vieillir.

La méthode est simple, mais contraignante, c'est son seul défaut. Il s'agit de s'asseoir, de respirer calmement, les yeux fermés ou entrouverts, pendant au moins dix minutes – vingt seraient mieux –, d'être présent à son souffle et de focaliser ses pensées, son esprit et ses sensations sur le moment présent. Et

1. En 2018 et 2019, à l'initiative de l'ONG EliseCare.

cela quotidiennement. Dans un monde hyperconnecté, où l'on est tout le temps en train de faire quelque chose, rester dix minutes à ne rien faire n'est pas simple.

Bien sûr, il n'est pas facile d'être présent à l'instant, quand des images et un flot de pensées vous tirent vers le passé, ou lorsque les soucis et les angoisses affluent. Mais on observe ces pensées qui perturbent et on les laisse passer, comme on observerait le passage de nuages dans le ciel. Puis on revient à son souffle et à l'instant présent, tranquillement.

Au début, c'est assez déroutant : on pense trouver le calme, et c'est un grand bazar à l'intérieur de soi. Des pensées chaotiques, parfois des angoisses montent, tout un bavardage intérieur. Le but n'est pas de les chasser, mais de les accueillir sans s'y accrocher.

Pour aider à ne pas se disperser dans ses pensées, on peut s'accompagner d'une phrase répétée en boucle. En Orient, on appelle cela un *mantra*.

Ceux qui pratiquent la méditation pour la première fois confient se sentir mieux, dès cette première expérience. On voit parfois les choses différemment, on prend un certain recul. Les personnes vulnérables se sentent un peu plus solides, envahies par une force provenant du fond de soi. Alors, pourquoi s'en priver ? Pourquoi ne pas consacrer un peu de son temps à ce qui est si simple et nous fait du bien ? Méditer est certainement l'une des clés du bien vieillir.

Voici ce qu'écrivait Emmanuel Carrère dans *Limonov*, paru en 2011 :

« On s'en fait une montagne quand on n'a jamais essayé, mais c'est extrêmement simple, en fait, et peut s'enseigner en cinq minutes. On s'assied en tailleur, on se tient le plus droit possible, on étire la colonne vertébrale du coccyx jusqu'à l'occiput, on ferme les yeux et on se concentre sur sa respiration. Inspiration, expiration. C'est tout. La difficulté est justement que ce soit tout. La difficulté est de s'en tenir à cela. Quand on débute, on fait du zèle, on essaie de chasser les pensées. On s'aperçoit très vite qu'on ne les chasse pas comme ça, mais on regarde leur manège tourner et, petit à petit, on est un peu moins emporté par le manège.

Le souffle, progressivement, ralentit. L'idée est de l'observer sans le modifier et c'est, là aussi, extrêmement difficile, presque impossible, mais en pratiquant on progresse un peu, et un peu, c'est énorme. On entrevoit une zone de calme. Si, pour une raison ou une autre, on n'est pas calme, si on a l'esprit agité, ce n'est pas grave : on observe cette agitation ou son ennui, ou son envie de bouger, et en les observant on les met à distance, on en est un peu moins prisonnier. Pour ma part, je pratique cet exercice depuis des années. J'évite d'en parler parce que je suis mal à l'aise avec le côté new age, soyez zen, toute cette soupe, mais c'est si efficace, si bienfaisant, que j'ai du mal à comprendre que tout le monde ne le fasse pas [1]. »

---

1. Emmanuel Carrère, *Limonov*, POL, 2011.

Trouver sa sécurité de base

En vieillissant, nous sommes tous appelés à nous fragiliser plus ou moins vite, puisque le corps décline. Cette fragilisation progressive peut nous rendre particulièrement vulnérables. Certains d'entre nous sont plus *résilients* que d'autres et trouvent spontanément comment rebondir après une épreuve, comment se relever après un accident de la vie. Parce qu'ils sont dans leur « sécurité de base ». C'est-à-dire que, tout en étant vulnérables – ce que nous sommes tous –, ils ont développé une force intérieure, une confiance dans leur capacité à se relever. Ce n'est pas donné à tout le monde, mais on peut découvrir à tout moment de la vie comment développer cette sécurité intérieure.

Pour expliquer ce dont il s'agit à mes patients, je leur montre une de ces petites poupées japonaises lestées de plomb. Lorsqu'on lui donne une pichenette vigoureuse, elle vacille un moment, se couche, puis se relève et retrouve son axe. Chez les êtres humains, on observe la même chose.

J'ai souvent proposé à mes patients deux exercices les aidant à trouver leur « sécurité de base » et à la développer. Le premier me vient de ma formation d'haptonomie [1], la science du contact. Frans Veldman enseignait à ses élèves comment percevoir l'espace autour d'eux tout en restant bien centré dans cette zone du corps appelée la *base*, juste sous le nombril. Les Japonais nomment cette zone du corps le *hara*. Pour ce chercheur de génie qu'est Frans Veldman, l'insécurité dans laquelle l'être humain se sent provient souvent de la manière dont il se replie, se referme sur lui-même. S'il ose s'ouvrir, ouvrir son espace, être dans une présence ouverte, alors, paradoxalement, il s'éprouve bien plus en sécurité. Être dans sa base s'apprend, se développe, et peut être très utile dans le vieillissement.

L'autre exercice consiste à identifier son « lieu sûr ». J'invite les personnes qui suivent

---

1. Formation délivrée par Frans Veldman dans les années 1980-2000. Voir aussi Dominique Décant-Paoli, *L'Haptonomie*, Que sais-je ?, 2003.

mon séminaire « L'art de vieillir » à identifier un moment dans leur vie et un lieu où elles se sont senties en parfaite sécurité, parfaitement bien. Cela peut appartenir au passé, à l'enfance, être lié à une personne, vivante ou décédée. Cela peut appartenir au présent et même au quotidien. Certaines évoquent le bien-être qu'elles ressentent dans leur lit, ou la sécurité qu'elles ont éprouvée dans les bras d'un être aimé, ou encore le sentiment de plénitude goûté un jour dans la nature, l'eau, au sein d'une forêt, à la montagne. Une fois que la personne a identifié ce que nous appelons alors son « lieu sûr », elle est invitée à l'évoquer avec précision par des mots ou même à le représenter d'une manière artistique, sous forme d'un collage, d'un poème. Identifier son « lieu sûr » permet d'y faire appel, en pensée, le jour où l'on se sent plus vulnérable. Car notre peau a une mémoire. Tout ce que nous avons senti, perçu est inscrit dans cette mémoire de la peau. Et nous pouvons y avoir recours.

Je partage, de mon côté, une expérience vécue il y a vingt ans et que je fais venir à ma mémoire lorsque je me sens fragilisée. Lors d'un voyage dans le désert marocain, une nuit, j'avais choisi de m'éloigner du groupe qui dormait sous une tente pour aller m'allonger beaucoup plus loin, mon sac de couchage étendu dans un creux de dune. J'ai éprouvé alors une sécurité profonde, tout à fait surprenante dans un lieu si désert, loin de tout. Je me sentais merveilleusement blottie, comme portée par une gigantesque paume, protégée de tout.

Devenir un bon compagnon pour soi-même

Je peux et j'aime rester des heures et des jours entiers en ne voyant personne. Or je ressens la plupart de ces heures et de ces jours-là comme des heures et des jours de plénitude où je m'éprouve comme relié à, exactement, tout !

Christian Bobin [1].

---

1. *La Grâce de solitude*, sous la direction de Marie de Solemne, Le Fennec Éditeur, 1996.

J'essaie d'apprivoiser la solitude que je découvre[1].

Avec l'âge vient la solitude. On perd des amis, des proches, et le voyage vers l'intériorité qu'impose le vieillissement confronte à une solitude ontologique. Il faut la différencier de l'isolement, qui est un poison à combattre à tout prix, car, dit-on, une personne isolée a deux fois plus de risques de perdre son autonomie. Une personne est isolée lorsqu'elle n'a personne autour d'elle avec qui elle peut partager ce qu'elle vit, pense, éprouve.

En revanche, il peut y avoir une « bonne solitude », une solitude assumée sinon choisie, lorsque l'on est devenu un bon compagnon pour soi-même, lorsque l'on a une vie intérieure riche. « À nous de faire en sorte que l'on ait plaisir à nous entendre, nous rencontrer, à communiquer avec nous.

1. Parole entendue lors du parcours « L'aventure de vieillir ».

Adoucissons-nous ! » ai-je un jour entendu, lors d'un groupe de parole consacré à la solitude. Cette solitude-là « qui est joie, légèreté, fraîcheur » est ontologique, car elle n'est possible que si l'on a contacté son « noyau d'être ». Si on peut « habiter avec soi », si l'on a un jardin intérieur.

Cela implique d'être en paix avec soi-même, avec sa vie, avec les autres, de relire sa vie, de défaire les nœuds, de revisiter son histoire. Il y a donc tout un travail d'allègement à effectuer. Les vieilles personnes qui se sentent légères, au lieu de s'enfermer sur elles-mêmes, nous donnent le sentiment d'être ouvertes, curieuses d'esprit, disponibles et bienveillantes. Leur solitude n'est pas un poids pour les autres. Elles ne cherchent pas à la combler. « Voyez-vous, je suis bien, seule avec moi-même, je revisite ma maison, je découvre qui je suis vraiment, je pourrais même dire que j'aime ma solitude », me confie cette femme de 86 ans qui, vivant seule, est restée autonome et pratique tous les soirs un rituel de gratitude. Intriguée, je lui ai demandé en quoi il consistait. « Le soir, avant de me coucher, je pose mes mains sur une pierre qui se trouve sur la commode de ma chambre et, à haute voix, je remercie pour tous les petits moments de bonheur de la journée. Ce rituel me fait beaucoup de bien. » Quelques mois plus tard, j'ai eu connaissance d'une étude scientifique, menée aux USA [1], sur les bienfaits de la gratitude. L'étude montrait clairement qu'identifier tous les soirs les motifs de gratitude de sa journée avait un impact incontestable sur l'humeur, la santé et le bien-être psychologique. Les personnes pratiquant ce rituel assumaient mieux leur solitude. Être un bon compagnon pour soi-même, c'est savoir plonger en soi afin d'identifier ce qui donne du sens à son existence, son fil rouge.

---

1. Les psychologues Dr Robert Emmons, de l'université de Californie à Davis, et Dr Michael McCullough, de l'université de Miami, ont publié une étude en 2015 qui examinait les résultats physiques de la pratique de la gratitude.

IV

Voyager vers son intériorité

La découverte de l'intériorité permet d'accepter de vivre moins dans le faire et davantage dans l'être... Nous devenons vieux lorsque nous refusons de vieillir, d'aller vers des zones de moindre intensité. Et nous demeurons jeunes quand nous acceptons cette aventure.

Bertrand Vergely[1]

Si l'on accepte le paradoxe du vieillir, on comprend que le déclin physique doit être compensé par une croissance spirituelle, un

---

1. Interview dans *La Vie* – hors-série « L'aventure de vieillir », octobre 2022.

approfondissement, un voyage vers son intériorité.

Cela n'a rien à voir avec un repli sur soi. Au contraire. Je le vérifie tous les jours : les personnes vieillissantes qui vont chercher à l'intérieur d'elles-mêmes les ressources qu'elles trouvent de moins en moins à l'extérieur sont ouvertes aux autres, ouvertes au nouveau. C'est ainsi que je comprends mieux cette phrase de saint Paul : « Tandis que notre homme extérieur s'en va en ruine, notre homme intérieur se renouvelle de jour en jour. »

Cet approfondissement de l'être, cette maturation, c'est sans doute Carl Gustav Jung qui l'a le mieux théorisé, avec son concept d'individuation.

Afin de mieux faire comprendre ce « processus d'individuation », Jung utilise l'image de la course du soleil, qui se lève le matin, arrive à midi à son sommet, puis redescend.

Dans la première partie de la vie – la montée du soleil –, l'être humain met toute son énergie dans la construction de son moi conscient.

Autrement dit, il bâtit sa vie, se façonne lui-même. Il crée une œuvre, fonde une famille, apprend un métier. Bref, son énergie est investie dans l'action, dans le *faire*. Puis le soleil arrive à son point culminant et redescend vers l'horizon pour se coucher : c'est la deuxième partie de la vie. L'énergie investie dans le Moi doit être progressivement déplacée vers le Soi. Jung désigne ainsi l'*être intérieur*, l'être essentiel, l'âme.

C'est ce voyage personnel qui constitue la tâche de la deuxième partie de la vie. Bien sûr, personne ne sait exactement à quel moment elle commence, mais il y a de fortes chances que l'on y soit à 50 ans.

C'est à la spiritualité des Upanishads[1] en Inde que Jung emprunte ce concept du Soi. Une histoire illustre très clairement ce mouvement d'approche du Soi auquel l'être humain est invité tout au long de son existence, mais plus expressément encore quand il arrive dans

1. Textes sacrés hindous considérés comme révélés et dont certains sont très anciens (entre 700 et 300 avant J.-C.).

la dernière phase de celle-ci. L'histoire parle d'un oiseau qui picore son grain au pied d'un arbre et qui, de temps en temps, lève les yeux vers un autre oiseau perché au sommet de l'arbre, contemplant calmement le paysage. L'oiseau du bas est agité. Il sautille et picore son grain en surveillant de droite à gauche les autres oiseaux susceptibles de venir le lui voler. Par moments, il lève les yeux vers l'oiseau du haut, pousse un soupir, « comme j'aimerais être comme lui, serein, au-dessus de toutes ces contingences ». Il fait plusieurs tentatives pour essayer de rejoindre l'oiseau du haut, mais retombe très vite dans son agitation. Jusqu'au jour où il réussit à s'élever si haut dans l'arbre qu'il arrive à quelques centimètres de l'autre oiseau. Il découvre alors que cet oiseau et lui ne forment qu'un. Ce récit des Upanishads a pour but d'illustrer l'Aidvaïta[1], la doctrine spirituelle de la non-dualité qui est la plus ancienne de l'Inde, et de montrer que

1. Il s'agit de la doctrine non dualiste du Vedānta. *Advaïta* signifie « non deux ».

ce que l'être humain cherche pour accomplir sa vie, ce à quoi il aspire, c'est ce sentiment d'unité – qu'il a d'ailleurs connu dans le giron maternel.

Le Soi s'expérimente dans toutes les occasions où nous nous sentons unifiés.

Dans sa correspondance avec Sigmund Freud, l'écrivain pacifiste français Romain Rolland se confiait sur son « sentiment océanique » en parlant de cette unité intérieure, ressentie à certains moments de sa journée. Freud lui avait répondu : « Je ne connais pas ce dont vous parlez, il n'y a que les femmes, les mystiques et les poètes qui font cette expérience. » Or tout le monde peut faire l'expérience du Soi, finalement de façon très simple.

Lorsque nous échangeons, dans le cadre de mon séminaire sur l'art de vieillir, sur les expériences de la vie dans lesquelles nous avons ressenti ce « sentiment océanique », celles-ci s'avèrent très diverses. Certains éprouvent ce sentiment d'unité en méditant, en contemplant un coucher de soleil, une nuit pleine d'étoiles, mais aussi en dansant ou en faisant l'amour. Tout le monde peut faire l'expérience du Soi, de manière très simple.

L'expérience du sport à très haute intensité ou la pratique artistique, qu'il s'agisse de musique, de peinture ou d'écriture par exemple, peuvent aussi amener à entrer dans un état extatique. On sort alors de son petit Moi rétréci avec l'impression de ne faire plus qu'un avec tout ce qui nous entoure.

La joie est incontestablement ce qui nous permet ensuite – telle une preuve – de reconnaître l'expérience du Soi que l'on vient de vivre. Mais attention, celle-ci ne peut être maîtrisée, ni même recherchée. Elle vous tombe dessus tout simplement. On peut seulement essayer de s'en approcher, par exemple à travers la méditation ou la contemplation, comme dans l'histoire des deux oiseaux. Il arrive parfois que des souvenirs de l'expérience du Soi reviennent à la fin de sa vie.

La philologue et helléniste Jacqueline de Romilly (1913-2010) raconte dans son livre *Les Révélations de la mémoire*[1] ces moments où des souvenirs d'unité intérieure – parfois très anciens – refont surface avec l'âge et lui procurent de l'émerveillement. Cette joie est vraiment la preuve du voyage vers l'intériorité, que la vieillesse peut favoriser.

Voyager vers son intériorité, s'approfondir, conduit tôt ou tard à accomplir les trois dernières grandes tâches de son existence : méditer sur sa finitude, se mettre en paix avec sa vie, en trouver le sens.

Il est intéressant de noter que, pendant le confinement imposé par la crise sanitaire de 2020, les personnes de plus de 80 ans se sont attelées à ces trois tâches. Elles me l'ont confié, lors des tables rondes postconfinement que j'ai animées dans les résidences services Domitys.

C'est pourquoi nous abordons les trois clés suivantes dans mes séminaires : être au clair

1. Éditions de Fallois, 2009.

avec la question de sa propre mort, faire du ménage dans sa vie, trouver le fil rouge de celle-ci.

Être en paix avec la question de la mort

Je veux être présente à ma mort ; j'ai envie de me dire « ça y est, bye bye ».

Nancy de La Perrière[1]

Nous avons en commun une conscience intime du fait que nous ne serons pas toujours sur terre. Nous ferons tous, un jour, l'expérience de la mort, et tous nous aurons à vivre la séparation avec des gens que nous aimons, du fait de la mort. La mort est donc la seule chose dont nous soyons certains, même si nous ignorons quand et comment elle viendra.

Dans les parcours « L'aventure de vieillir », les plus de 80 ans demandent à parler de ce

1. Citée dans *Libération*, 18 mai 2018. Interview de Charlotte Belaïch.

sujet tabou. Certains voient la mort comme un *grand trou noir.* D'autres, comme un passage qu'ils envisagent sereinement, attendant des retrouvailles avec ceux qui les ont précédés. D'autres encore n'y pensent pas et vivent le présent, en faisant ce qu'ils aiment. « La meilleure façon de se préparer à la mort, c'est d'être bien vivant », ai-je entendu.

Cette conscience de notre finitude n'est pas là pour nous déprimer, mais pour nous aider à vivre pleinement, intensément notre vie, pour nous aider à être vraiment vivants. C'est cette conscience qui nous permet de sentir à quel point la vie est précieuse. C'est elle qui nous permet de lui donner un sens. Notre existence serait-elle aussi créative si elle n'était pas limitée dans le temps ?

La mort n'est-elle pas une réalité « vigoureuse », comme le disait Teilhard de Chardin, une réalité qui nous réveille, qui nous oblige à prendre conscience de nos valeurs, qui nous invite à créer, à penser, à construire du sens ?

Dans toutes les traditions, méditer sur le fait que l'on est seulement de passage sur cette terre aide à vivre, et donc à vieillir. Dans la tradition chrétienne, saint Benoît faisait réciter à ses moines le *memento mori : souviens-toi que tu es mortel.* Cette récitation, disait-il, n'était pas destinée à les déprimer, mais à leur donner « les outils du bien agir ».

Chez les bouddhistes, la mort est perçue comme un miroir : lorsque l'on se regarde dedans, c'est sa vie que l'on voit. Penser à sa mort oblige à réfléchir, à se poser les bonnes questions, à faire les choix qui nous importent.

Chez les Indiens d'Amérique, la mort est représentée comme un oiseau perché sur l'épaule gauche qui, tous les matins, demande *Et si c'était pour aujourd'hui ? Es-tu en paix avec toi-même, avec les autres ? Qu'est-ce qui serait essentiel pour toi ?*

Penser à la mort, en parler, ne fait pas mourir.

Je cite souvent ce témoignage de Stéphane Hessel. Peu de temps avant son décès, à l'âge de 95 ans, il avait dit ceci : « J'attends la mort avec gourmandise. Lorsque la mort viendra, je l'accueillerai avec un sentiment un peu personnel, car je suis sûr que cette expérience-là sera comme beaucoup d'autres expériences de ma vie : une expérience unique. On ne rencontre l'amour que par moments, on ne rencontre la mort apparemment qu'une seule fois. Jusqu'ici, *nobody has come back from those bones*, comme l'écrit Shakespeare, donc on ne sait pas ce que c'est que la mort. Cependant, on peut bien se dire que ce n'est pas rien. C'est sûrement quelque chose. Ce "quelque chose" excite ma curiosité [1]. »

Être au clair avec la question de la mort peut se limiter à y penser comme à un mystère qui invite à rester « curieux de la suite ». C'est une expression qu'avait employée une femme assez jeune, agnostique, mourante dans l'unité de soins palliatifs où j'exerçais comme psychologue. Cela rejoint aussi le Dalaï-Lama, qui a dit volontiers, rapporte-t-on, qu'il ne savait

1. Stéphane Hessel, entretien avec Édouard de Hennezel et Patrice Van Eersel dans *Vivez*, Carnets Nord, 2012.

pas s'il y a quelque chose après la vie, mais qu'il se réjouissait de le découvrir. J'incite donc les candidats à « L'aventure de vieillir » à oser aborder cette question, d'une part pour être plus au clair avec la mort elle-même, ce qu'elle représente pour chacun, et d'autre part pour oser aborder les peurs liées aux conditions du mourir.

L'observation nous le montre, les personnes qui ont mis de côté la question de la mort vieillissent mal. Elles vieillissent dans l'angoisse. Et cette angoisse est proportionnelle au déni de la mort. Les vieux que j'ai rencontrés se disent bien seuls avec leurs peurs. Rares sont les personnes capables de s'asseoir auprès d'eux et de les écouter confier leur crainte de mal mourir. Ils redoutent la souffrance, la solitude, l'abandon, l'obstination déraisonnable, l'anonymat, une décision arbitraire d'arrêt des soins ou même une injection létale qu'ils n'auraient pas demandée. Ils redoutent une loi permettant un jour aux médecins de les euthanasier, jugeant que leur vie ne vaut plus la peine d'être vécue. D'autres, au contraire, espèrent qu'une loi leur permettra de décider du moment de leur mort. Derrière toutes ces peurs se cache l'angoisse de ne pas être consulté, entendu, de ne pouvoir maîtriser le moment ultime.

Je fais partie des psys qui font l'hypothèse que la peur de mal vieillir et la peur de mourir pourraient être une des causes de la maladie d'Alzheimer, qui reste encore un mystère aux yeux de la science. Cette pathologie, caractérisée par une sorte d'absence au monde, serait alors comme un refuge. Autre issue, également, à la peur de la mort, le fait de l'anticiper. On sait que le taux de suicide des personnes âgées est très élevé.

Je consacre donc toujours, dans mon séminaire, un temps à la question du mourir. Car être au clair avec sa propre mort, être bien informé des progrès de la science en matière de soulagement de la douleur, connaître ce que dit la loi me semble de nature à apaiser. Savoir que la loi fait obligation au médecin de soulager au risque d'écourter la vie, si les douleurs sont réfractaires, de « faire dormir avant de mourir » – ce que l'on appelle la sédation – si la personne le souhaite, de respecter les directives anticipées, tout cela est indispensable à une certaine sérénité.

Nous partageons en groupe nos inquiétudes et nos réflexions. Il apparaît clairement que les personnes vieillissantes veulent avoir l'assurance que leurs volontés seront respectées, et qu'elles ne seront pas abandonnées. Nous parlons aussi de ce que chacun met derrière cette expression « mourir dans la dignité[1] ». Je donne l'exemple de cette femme de 92 ans qui, lors d'un atelier consacré à la mort dans le cadre du parcours « L'aventure de vieillir », a exprimé qu'elle ne demandait ni un acte d'euthanasie ni un suicide assisté, mais simplement le respect de sa volonté de mourir dans son lit, chez elle et non à l'hôpital, d'être soulagée de ses douleurs, respectée dans son désir de ne plus être forcée à s'alimenter, touchée avec

1. J'ai consacré un ouvrage à cette question : *Nous voulons tous mourir dans la dignité*, Pocket, 2015.

tact et douceur, de sentir la vie autour d'elle, la chaleur humaine, la sollicitude, le sentiment de continuer jusqu'au bout à faire partie de la communauté humaine. C'était cela, pour elle, « mourir dans la dignité ». Pouvoir glisser doucement dans la mort.

Cette dignité du mourir, la loi Claeys-Léonetti de 2016 la permet. Elle n'est malheureusement pas assez connue et mal appliquée. Le manque de confiance dans la capacité des médecins et des établissements à respecter les directives anticipées des personnes et à établir avec elles un contrat de non-abandon est à la racine du désir collectif de faire évoluer la législation sur la fin de vie.

L'interdiction de visite et d'accompagnement pendant le confinement du printemps 2020 a fait prendre conscience des vrais besoins des mourants. Qu'attend celui qui va mourir, dans son extrême vulnérabilité, sinon une présence qui se manifeste par une voix qui touche, une main qui parle ? Un regard qui lui donne le sentiment de la permanence de son identité ? Un regard qui dit *malgré les changements de ton corps ou de ton esprit, tu restes pour moi l'être unique que tu es* ? Une main de tendresse ? C'est de tact et de proximité que les personnes âgées en fin de vie ont besoin. Cette présence permet alors au mourant d'accomplir sa dernière tâche : *le travail du trépas*[1]. Par cette expression, le psychanalyste Michel de M'Uzan désigne un travail d'accomplissement de soi, de transmission. Par un geste, une parole, un regard, déposer quelque chose de soi chez l'autre qui accompagne. L'autre qui va survivre. Gratitude, bénédiction, pardon. Ces derniers échanges s'avèrent irremplaçables. Parce que l'on ne se sent pas abandonné par ses frères humains, on peut s'abandonner avec confiance au mystère de la mort, à l'inconnu de la mort.

C'est alors que mourir devient un acte, un acte de dignité dont on est le sujet.

---

1. Michel de M'Uzan, « Le travail du trépas », dans *De l'art à la mort. Itinéraire psychanalytique*, Gallimard, 1977.

La foi aide-t-elle à mourir ? La question est débattue. La journaliste Paule Giron prend position : « Je suis particulièrement croyante depuis quelque temps, en vieillissant. C'est déjà pas marrant de mourir… se dire qu'on va se retrouver dans un trou, c'est vraiment pas facile. Je ne sais pas s'il y a tellement de vieux qui sont capables d'affronter cette brutalité : "T'as fait ta vie, allez hop, on te débarrasse avec une pelle, au revoir et merci[1]." »

Bien sûr, nous parlons aussi de toutes ces personnes âgées qui, ayant le sentiment de n'avoir plus rien de bon ni d'intéressant à vivre, disent attendre la mort. Ainsi Odile, 99 ans, si frêle qu'elle semble minuscule dans le fauteuil de sa chambre. Sa fille dit d'elle qu'elle n'a plus d'avenir et qu'il faudrait faire comme en Suisse ou en Belgique : « Vous ne voulez plus vivre, hop deux cachets, on n'en parle plus… Ça soulagerait la famille, et puis

1. Paule Giron interviewée dans *Libération*, 18 mai 2018.

soi-même, parce que qu'est-ce qu'on attend maintenant[1] ? »

Dans les séminaires, nombreux sont ceux qui espèrent une évolution de la loi pour pouvoir libérer les « vieux qui attendent la mort ». Personnellement, je trouve grave qu'il faille espérer une loi qui libère de la vie, alors que souvent une parole peut le faire : une parole d'amour, une permission de mourir, un dernier au revoir. Ou tout simplement une vraie conversation avec celui qui attend la mort ; une conversation dans laquelle les proches s'impliquent et qui a valeur de rituel d'adieu.

Lorsque j'aborde clairement cette question, dans les séminaires ou le parcours « L'aventure de vieillir », je demande aux participants comment ils aimeraient mourir. Beaucoup rêvent de mourir d'*anorexie finale*[2],

1. « Les vieux dans les yeux », par Charlotte Belaïch, *Libération*, 18 mai 2018.

2. Voir le dernier chapitre de mon livre *Nous voulons tous mourir dans la dignité*, *op. cit.*

c'est-à-dire en cessant de s'alimenter et en se laissant glisser doucement dans la mort. Mais ils n'osent pas le dire, car ce refus de s'alimenter soulève un tollé : *comment, mourir de faim et de soif !* Mon rôle est de dénoncer cette idée fausse. Non ! On ne souffre pas de faim ni de soif lorsque l'on cesse de s'alimenter en fin de vie. J'ai personnellement accompagné plusieurs personnes mourant de cette façon. Aucune d'entre elles n'a souffert. Leur mort a été douce et paisible. Cette manière de mourir n'est malheureusement pas toujours acceptée par les médecins, qui l'assimilent à tort à un syndrome de glissement, c'est-à-dire à une forme de dépression ; alors qu'il s'agit de tout autre chose : un consentement serein à la mort.

Faire du ménage dans sa vie

Tant de brisures, tant de cassures. Que faire de ce passé parfois lourd de chagrins ?

Jeanne Benameur,
La Patience des traces, Actes Sud.

Oublier, on ne peut pas. Mais on peut regarder comment on a fait quelque chose de ses brisures. Cette tâche résolutive est essentielle. Comment être disponible pour l'aventure de vieillir si l'on est encombré ? Savoir s'alléger – si l'on veut vivre l'aventure le cœur léger – est donc une priorité.

Lorsque nous sommes au clair avec la question de notre propre mort, nous sentons mieux où sont nos priorités. Pendant le confinement, le Cercle Vulnérabilités et Société a publié quotidiennement sur Twitter de courtes vidéos de personnes venant d'univers très divers sur le thème « Qu'est-ce que vous a apporté le confinement ? ». C'était un parti pris résolument positif. Penser qu'au-delà de l'angoisse, de la tristesse, voire de la colère de se voir privé de liberté, chacun pouvait reconnaître que le confinement lui avait apporté quelque chose. En écoutant ces messages, je me suis rendu compte qu'ils faisaient tous plus ou moins référence au « voyage vers l'intériorité » sur lequel nous travaillons depuis plus de dix ans, dans mes séminaires. Et que la prise de conscience du risque de mourir – un risque réel pour les plus de 60 ans, d'après les experts du Conseil scientifique qui conseillait notre président de la République – avait eu des effets étonnants. J'ai moi-même posté une vidéo dans laquelle je faisais référence à ces malades du sida que j'avais accompagnés dans les années 80. Ils savaient qu'ils allaient mourir et consacraient les derniers mois de leur vie à aimer de toutes leurs forces. J'ai évoqué ces âgés confinés dans des EHPAD, qui préféraient, disaient-ils, consacrer le temps qu'il leur reste à vivre à voir leurs enfants et petits-enfants, à donner et recevoir de l'amour, plutôt qu'à se protéger au prix d'une réclusion. Ce que le confinement nous a apporté, c'est bien la conscience que notre vie, pour autant qu'elle soit précaire, reste un bien précieux, ce qui nous conduit à protéger ce qui compte vraiment pour nous. Penser à la mort nous oblige donc à savoir ce qui compte pour nous et nous invite à nous alléger de tout ce qui est inutile, toxique, encombrant.

Dans mes séminaires, je propose un exercice que je baptise l'« exercice des 3 R ». Je fais référence à ces émotions négatives qui nous empoisonnent souvent : les regrets, les remords, les rancunes. Ces émotions sont lourdes à porter avec l'âge. Elles sont souvent responsables du repli sur soi qui caractérise certaines vieillesses tourmentées. Chacun est invité à identifier s'il a quelque chose dans ses valises. Je ne demande jamais au groupe de partager le contenu de ces valises – c'est trop intime –, mais j'invite les participants à échanger sur les moyens qu'ils connaissent, dont ils ont parfois l'expérience, pour aider à vider ces valises.

Parmi les idées proposées, il y a évidemment l'incitation à aller voir un psy pour travailler telle ou telle émotion négative. Mes collègues psys me disent d'ailleurs qu'ils voient arriver dans leur cabinet une génération qui ne serait jamais venue consulter il y a dix ans. Des personnes en retraite, des plus de 60 ans, qui veulent travailler sur un point particulier et non faire un travail sur soi qui dure des années.

Il y a la suggestion très efficace d'écrire sur une feuille de papier tout ce que l'on a sur le cœur. Puis de brûler cette feuille dans la flamme d'une bougie ou dans un feu, avec l'intention, par ce rituel, de se libérer de ce qui pèse.

Il y a la suggestion de se pardonner et de pardonner aux autres. Le pardon libère, mais il est souvent très difficile à donner et à recevoir.

Il y a la suggestion de méditer sur un événement douloureux, un conflit, et de chercher quelle est sa part de responsabilité. Un participant à un séminaire m'avait raconté qu'il était parti faire le pèlerinage de Saint-Jacques-de-Compostelle en se donnant cet objectif.

Pour se pardonner les échecs de sa vie, il est important de voir l'échec comme faisant partie de l'apprentissage de la vie.

Parfois, certaines valises ne peuvent être vidées complètement. Il faut laisser le temps faire son œuvre et se dire que l'on aimerait bien, mais que ce n'est pas possible pour le moment. Cette attitude est déjà libératoire et allégeante.

Enfin, de nombreux seniors n'ont presque rien dans leurs valises. Ils sont déjà légers. Il est alors bon de veiller à ce que les valises ne se remplissent pas à nouveau.

Trouver le fil rouge de sa vie

Tu n'as plus désormais à produire,
mais à trouver le vrai grain de ta vie.

Michel Serres

Il s'agit là d'une tâche symbolique, essentielle elle aussi pour vivre l'aventure du vieillir comme un accomplissement. Le philosophe Michel Serres en parle comme d'une découverte du « vrai grain de sa vie ». Il s'agit donc de partir à l'aventure, à la découverte de soi.

Paule Giron [1], nonagénaire, affirme, elle, que « la longévité nous invite à redécouvrir que vieillir n'est pas finir avec la vie, mais devenir,

1. Paule Giron, *Vieillesse oblige*, Éditions In Press, 2021.

devenir, devenir : plus ouverts, mieux aimants, plus intelligents que ce que la vie stressée nous a permis d'être ». Ce cycle, ajoute-t-elle, est une opportunité pour peaufiner ou transformer ce que nous étions. Une sorte de « grand œuvre » avant de partir.

La vieillesse a été pour elle « une occasion de développer son cœur et son esprit comme jamais dans une vie »… Nos corps nous forcent à ralentir, à prendre de la distance, d'où le recul idéal pour pouvoir réfléchir sur soi comme sur le monde. La jeunesse, c'est la tête dans le guidon. La vieillesse, c'est une autre respiration, plus lente et propice à une autre invitée que l'on ne connaissait pas : la sagesse.

À ceux qui se rebellent contre cette façon de voir la vieillesse, à ceux qui pensent que ce n'est pas drôle de vieillir, que ce qu'il reste à faire, en vieillissant, est d'attendre que la mort vienne nous chercher, le philosophe Bertrand Vergely[1] a répondu un jour. « Finalement, la vie

1. Marie de Hennezel et Bertrand Vergely, *Une vie pour se mettre au monde*, Le Livre de poche, 2011.

est bien faite, et cet âge de la vieillesse ne nous a pas été donné pour rien. Il contient son propre mystère », assura-t-il en réponse au propos de cet ami de 80 ans qui ne partageait pas son point de vue. « L'impossible auquel nous sommes confrontés nous oblige au lâcher-prise que tous les sages recherchent… La vie nous a donné une clé, celle d'accepter notre impuissance. Car l'impuissance ne nous amène pas au tragique, mais à la légèreté et à la joie. C'est ce que nous constatons sur les visages des vieux en Inde. Pays où la méditation et l'acceptation du cours des choses font partie de la culture. »

Les Japonais ont un concept très intéressant. Il s'agit de l'*ikigaï*. Ce mot désigne ce qui fait que l'on se réveille le matin avec l'envie de vivre. Même lorsque l'on est très, très âgé. L'*ikigaï* c'est ce qui donne la joie de vivre, ce que l'on aime encore faire, ce pour quoi on est doué ou compétent. C'est aussi ce que l'on apporte à la communauté humaine. Chacun doit identifier son *ikigaï*, son fil rouge, et cela lui permet de rester vivant jusqu'au bout.

Accomplir sa vie

Je me rends compte avec le recul que les échecs ont contribué à la construction de ma vie... Je pense souvent avec reconnaissance à tous ceux qui m'ont aidée, parfois sans le savoir. Une simple rencontre a pu changer une vie[1].

Il est ainsi possible que le paysage intérieur de la personne âgée, aride et glacé, connaisse un nouveau printemps, qui ne sera pas un réveil de toutes les forces juvéniles, mais un réveil à une tout autre Vie, dans laquelle il n'est plus question de « faire », mais d'« être » au-delà du temps.

Karlfried Graf Dürckheim

Lorsque l'on a accepté le paradoxe du vieillir, accepté de vivre moins dans le « faire » et davantage dans l'« être », consenti aux deuils liés à l'usure du corps, que l'on a fait du ménage dans sa vie, que l'on s'est allégé,

1. Parole de vieux lors du parcours « L'aventure de vieillir », Domitys, Le Mans, 2014.

que l'on a identifié son fil rouge, son *ikigaï*, et que l'on peut penser sereinement à sa mort, que fait-on du temps qu'il reste à vivre ?

C'est une question que j'ai abordée dans mon livre avec Vergely[1]. Nous nous sommes intéressés au sens de l'âge. Quel sens pouvons-nous donner au fait d'être encore en vie dans un âge avancé ? Mon coauteur dit que chaque âge a son sens. Nous allons d'âge en âge, de crise en crise, de succès en succès ou d'échec en échec, nous vivons. Et la vie nous impose de nous adapter à elle, même si nous croyons la mener, la maîtriser.

La vie est donc un long et passionnant éveil, une mise au monde permanente de nous-mêmes.

Nous parlons de la vie comme d'une œuvre : nous apprenons à faire corps avec ce qui advient, les joies et les drames, à découvrir en nous des ressources que nous ignorions.

Accomplir sa vie, c'est aller au bout de cette œuvre, l'achever. Le grand âge, si nous

1. *Une vie pour se mettre au monde*, *op. cit.*

avons la chance d'y parvenir, peut nous être donné à vivre pour accomplir notre parcours. L'image de la vie comme œuvre s'est imposée à nous. Une vie pleinement vécue jusqu'à son terme, travaillée, mûrie, ciselée par les pertes et les lâcher-prises, traversée du souffle de la vie intérieure, est comparable à une œuvre d'art. Dans l'élaboration de cette œuvre, tout compte, le commencement comme la fin, et chaque étape nous invite à mûrir encore, à descendre dans les profondeurs de notre être et à devenir de plus en plus conscients.

Évidemment, je ne dis pas que nos vies sont des chefs-d'œuvre, mais des œuvres. Car on œuvre quand on modifie quelque chose. Et que modifions-nous ? Les autres. Et surtout nous les transformons, c'est en ce sens que nous œuvrons.

Comment parler de l'accomplissement d'une vie sans parler de la dernière tâche, nommée *travail du trépas* par le psychanalyste Michel de M'Uzan ?

« Voici qu'une angoisse nouvelle nous est proposée, qui a toutes les chances d'être définitive. On offre sans doute à l'humanité sa dernière chance, mais c'est en soi, et en soi seul que chacun trouvera sa réponse[1] », écrivait Camus. Et si les angoisses dernières nous permettaient d'accomplir notre vie ? Pour cette ultime tâche, dont Michel de M'Uzan nous explique qu'elle est « une tentative de se mettre complètement au monde avant de disparaître », une singulière énergie est donnée, tout à fait surprenante, alors que la personne est aux portes de la mort. Cette *appétence relationnelle*, pour reprendre les termes du psychanalyste, serait mise au service de cette tentative d'aller au bout de sa relation avec autrui, de déposer quelque chose de soi chez l'autre, l'autre aimé, l'autre qui accompagne, l'autre qui va nous survivre.

Tous ceux qui ont été proches d'un mourant le savent : les moments partagés avec lui sont irremplaçables. Les mots, les regards, les gestes

1. Texte d'Albert Camus paru dans le journal *Combat.*

prennent une importance inouïe, ils ont un poids que l'on ne soupçonne pas. Ils disent l'essentiel. Ils peuvent aider à faire son deuil, ils accompagnent les survivants au-delà de la mort.

Devient-on sage en vieillissant ?

> *La vieillesse, c'est une autre respiration ; plus lente et propice à une invitée que l'on ne connaissait pas : la sagesse.*
>
> Paule Giron [1]

L'aventure est-elle compatible avec la sagesse ?

C'est toute la question de la maturité qui est posée. Dans les parcours « L'aventure de vieillir », cette question est vivement débattue. Tout le monde n'est pas d'accord sur le fait que la sagesse vient en vieillissant. Certains parlent de cette *ligne de crête très étroite* entre

1. Interview dans le hors-série de *La Vie*, *op. cit.*, septembre 2022.

le fait de ne pas se résigner, d'éprouver de la révolte, ce qui est aussi un signe de jeunesse d'esprit, et puis le recul acquis avec l'âge. Ce dernier fait que l'on *relativise les choses et que l'on mesure aussi sa chance quand on voit plus malheureux que soi.*

Je me souviens de cet homme de 80 ans, interviewé au Québec par Fernand Dansereau sur ce thème[1]. Il a répondu en riant qu'« il ne se sentait pas plus sage ». Avec la liberté que donne souvent l'âge – liberté de penser, de parole, puisqu'il n'y a plus d'enjeu, plus rien à prouver –, cet homme avait plutôt le sentiment de retrouver quelque chose de son adolescence.

D'autres pensent au contraire qu'avec l'expérience de la vie, on s'assagit par la force des choses : « La sagesse vient automatiquement, on est bien obligé d'accepter[2]. »

1. Fernand Dansereau, *Le Vieil Âge et le rire*, documentaire, 2012.

2. Parole de vieux lors du parcours « L'aventure de vieillir », Domitys, Châteauroux, novembre 2015.

On acquiert donc la sagesse peu à peu, au fil des épreuves qui obligent à mûrir. Mais « intérieurement, on n'est pas si sage, on rêve, on a des envies qu'on ne peut réaliser, parce qu'on est limité [1] ». Les plus de 80 ans témoignent du désir toujours présent. Ils parlent aussi de la hauteur, du recul que l'on prend en vieillissant. On voit la vie sous un autre angle. On parle de l'humour, comme une vraie forme de sagesse. La vieillesse oblige à l'humour. Cela permet de transformer le tragique en comique. Et puis on prend conscience de *tout ce que l'on a encore à apprendre.*

« Vieillir, c'est une occasion de développer cœur et esprit, comme jamais dans une vie. Nos corps nous forcent à ralentir, à prendre de la distance, d'où le recul idéal pour pouvoir réfléchir sur soi et sur le monde. La jeunesse, c'est la tête dans le guidon », ajoute Paule Giron [2].

1. *Ibid.*
2. Interview de Paule Giron, *op. cit.*

Vieillir libère aussi une forme d'humour. Dans notre livre *Une vie pour se mettre au monde*, Bertrand Vergely raconte l'histoire de cette vieille actrice que l'un de ses amis était allé voir. Elle habitait au sixième étage sans ascenseur. Il arrive tout essoufflé en haut des marches, et, en ouvrant, la vieille femme lui dit : « Vous voyez, mon cher, habiter un sixième sans ascenseur est la dernière façon que j'ai de faire battre les cœurs ! »

La lenteur est un autre aspect de la sagesse : en faisant les choses lentement, on les apprécie différemment. On devient patient, et, comme me le confiait un homme de 90 ans : « Vieillir, c'est être de moins en moins contrarié. »

Je retiens de ces témoignages des plus âgés que la vie rend humble. Beaucoup déclarent que, finalement, on ne sait rien, ce qui permet de rester curieux de tout. Et puis cela ramène chacun à sa vulnérabilité, à son impuissance, à son non-savoir.

Il me semble que le principal apprentissage de la vie longue, c'est le lâcher-prise et l'ouverture au nouveau. Nous tournons toujours autour de cela : comment accueillir la vie avec ses surprises, sa créativité, jusqu'au bout. Et si c'était cela, l'aventure ?

Libérer la force de la tendresse

> *Il faudrait que les personnes âgées prennent conscience que c'est leur mission d'aimer. Quel que soit l'état dans lequel on vieillit, on peut regarder, sourire, tendre la main, bénir. Et cela transfigure la vie.*
>
> Sœur Emmanuelle[1]

> *Mettre de l'amour dans ce que tu fais. Est-ce que ce n'est pas cela, l'amour*[2] *?*

Et si vieillir libérait la tendresse ? Les témoignages que j'ai recueillis sur le vécu intime des

1. Citée dans *La chaleur du cœur empêche nos corps de rouiller*, Pocket, 2010.

2. Parole de vieux lors du parcours « L'aventure de vieillir ».

couples âgés le confirment. L'avancée en âge donne à cet élan émotionnel tout son potentiel.

Pourquoi parler de « libération » puisque la tendresse nous porte de la naissance à la mort ? Précisément parce que, très présente au début de notre existence, notamment lorsque nous sommes enfants et très vulnérables, nous la mettons ensuite de côté. Comme si les règles de la société, la place que prend le pouvoir dans nos vies, dans un monde toujours plus performant et dominant, les contraintes de la vie adulte rendaient la tendresse incompatible avec l'affirmation de soi et la pulsion d'emprise nécessaires à l'action. On associe d'ailleurs souvent la tendresse à une forme de faiblesse ou de mièvrerie. Alors qu'elle est une force.

Vieillir, c'est progressivement se déprendre. On a prouvé ce qu'on avait à prouver, on s'est battu pour vivre, pour prendre sa place, et voilà que ce n'est plus nécessaire. La déprise ouvre la voie à la libération de la tendresse. Je me souviens du témoignage de cet homme de

75 ans qui avait occupé un poste de pouvoir à la radio et qui disait découvrir son potentiel de tendresse : « Devant eux, je fonds », révélait-il en parlant de ses petits-enfants. Cet autre, de 80 ans, sent les larmes lui monter aux yeux lorsque, assis dans son *salon d'été* – le square qui est à côté de son logement –, il observe les petites pousses d'un vert si tendre apparaître au printemps. Quant à ma propre mère, je me souviens qu'elle me disait feuilleter tous les jours un album de photos que nous lui avions offert. C'était son « rituel de tendresse ».

Les couples, confrontés au vieillissement sexuel, évoquent souvent la place que prend la sensualité tendre dans leurs échanges amoureux. Le deuil du corps jeune ouvre la voie vers un autre Éros. « Nous faisons la tendresse », disent-ils. Je continue à constater que les personnes qui acceptent mal de vieillir, de perdre le contrôle, leur pouvoir sur les autres, se ferment à ce potentiel. J'observe alors un repli sur soi, une forme d'agressivité, voire de violence. Pour franchir cette porte, il faut sans doute passer par un certain lâcher-prise, un deuil à faire de certaines postures, un accueil du nouveau. C'est pourquoi accueillir la tendresse en soi, voir le monde autour de soi avec un regard plus tendre et bienveillant, participe d'une aventure. La tendresse est un facteur de longévité heureuse.

Cultiver la joie de vivre

> *En hébreu, le même mot désigne la joie et la vieillesse. L'hébreu met en relation la personne âgée et la personne ivre de joie. Comme si, en effet, la joie était le propre de l'âge.*
>
> Propos recueilli auprès d'Annick de Souzenelle [1]

> *C'est le temps de chanter, de danser, de jouer, tant que c'est possible. Le temps de s'émerveiller de la nature qui sera encore là quand on n'y sera*

1. Annick de Souzenelle, centenaire au moment où j'écris ce texte, *Va vers toi*, Albin Michel, 2022.

plus, de jouir du soleil qui sera encore là quand il ne nous chauffera plus, de profiter des petits-enfants qui seront encore là quand on n'y sera plus.

Albert Donval[1]

Une des caractéristiques des personnes qui nous donnent le sentiment d'être heureuses, rayonnantes, en vieillissant, c'est qu'elles sont joyeuses. Elles ont identifié leurs sources de joie et savent quotidiennement donner de l'énergie à ce qui les rend joyeuses.

Nous l'avons vu, la limitation du corps permet un vécu plus vaste et plus profond. Les témoignages que j'ai recueillis au fil des années le prouvent. Toutes les activités que l'on peut faire se vivent différemment : *un être plus intérieur dans un moins faire extérieur.*

La faculté de contempler et de s'émerveiller, « une des béatitudes de la vieillesse », disait Christiane Singer, peut compenser la perte de l'agir. On apprécie infiniment mieux

1. Albert Donval, « Le courage de vieillir », *La Croix*, mars 2005.

la beauté de la nature. Cet esprit d'enfance au contact de la nature ou des animaux, ou encore des tout petits enfants, n'a rien à voir avec l'infantilisme. Il s'agit au contraire d'une grâce.

Mystérieusement, les vagues vont et viennent entre le vieil homme assis devant sa porte et le lointain qu'il contemple... Sa façon de regarder fait de ce qu'il voit une forme de l'infini... il y a, là où il est assis, « quelque chose » dont il éprouve la plénitude.

La marche, par exemple, peut être vécue lentement, consciemment. Elle peut être une véritable expérience de méditation et de contemplation. On peut aussi apprendre à respirer, à méditer, faire le vide, faire l'expérience du silence.

Cette pratique méditative permet d'accéder à la jouissance d'être. Pourquoi se rebeller contre l'épuisement physique, le ralentissement, la fatigue, pourquoi ne pas les accepter, nous laisser porter, nous mettre à l'écoute de notre âme ? Même immobile, on se sent exister. On peut se transporter en pensée dans les lieux que l'on a aimés, revisiter sa vie, ses émotions, ses souvenirs, « feuilleter avec précaution le grand album de sa vie » (Hermann Hesse).

Je cite souvent, lors de mon séminaire sur l'art de vieillir, ces auteurs âgés qui expérimentent le pouvoir de l'instant présent. Ram Dass, qui vante les bienfaits de l'inaction, Roger Dadoun, qui écrit dans *Manifeste pour une vieillesse ardente* : « J'ai rencontré beaucoup de vieillards dont émanait une vraie présence. Ils ne disaient jamais rien et se contentaient d'être. »

Benoîte Groult, de son côté, raconte dans *La Touche étoile*[1] que, si la vieillesse est un âge où l'on passe son temps à dire « aïe », cela vaut la peine « de pouvoir ouvrir ses volets chaque matin, et découvrir le jour naissant… ». Alors que lorsqu'on est jeune, écrit-elle, « on ouvre machinalement les volets, chaque geste prend sa valeur, on devient curieux de tout, bien plus curieux qu'avant. Par exemple, je viens de découvrir la poésie, qui vous pousse à

1. Le Livre de poche, 2007.

la contemplation, vous ramène à l'essentiel. Je découvre la richesse des voyages immobiles. Quand j'étais dans l'action, je la délaissais. Maintenant, je la savoure ».

Cet échange sur les sources de joie de la vieillesse, regarder, contempler, s'émerveiller, ne fait pas l'économie d'une réflexion sur ce que chacun peut faire pour aider un proche âgé à ne pas demeurer nostalgiquement rivé sur son passé et à s'ouvrir au nouveau. Pour le philosophe Robert Misrahi[1], qui a aujourd'hui 96 ans, une personne âgée peut rester désirante, dans un élan vital, un vouloir-vivre, même quand l'avenir se dérobe. Le désir ne vieillit pas. On peut toujours aider une personne qui a renoncé au désir de vivre à retrouver le goût de vivre : « L'autre, par le regard qu'il pose sur la personne âgée en quête de réciprocité et de reconnaissance, se doit de rendre possible le passage du négatif au positif. »

1. Robert Misrahi, *La Joie d'amour*, Autrement, 2014.

Tout au long de ces échanges avec des jeunes vieux et des très vieux, je me suis souvent demandé comment aider ceux et celles qui restent « rivés sur leur passé » et ne parviennent pas à capter les joies du présent. Et puis, un jour, j'ai trouvé une piste. En rencontrant Pascale Senk[1], venue participer à l'un de mes séminaires, j'ai découvert le haïku[2], une pratique de l'instant présent et de la joie de vivre. J'ai compris que lire et écrire des haïkus intensifie le sentiment d'exister. Or ce sentiment est essentiel. Dans son film *Le Vieil Âge et le rire*, Fernand Dansereau rassemble quelques acteurs de théâtre de 80 ans pour savoir comment ils vivent leur âge : l'un d'entre eux lâche cette phrase que je n'ai pas oubliée : « Je me prends en flagrant délit d'exister. »

Pratiquer l'écriture d'un petit poème quotidien est une vraie prévention de la dépression

1. Pascale Senk, ancienne journaliste du *Figaro*, auteur de *L'Effet haïku*, Leduc, 2016.

2. Le haïku, né au Japon, est un petit poème de trois lignes. En japonais, il se compose de dix-sept pieds (5, 7, 5).

et de l'ennui. Cela affine notre capacité à reconnaître et à conserver les moments heureux de la vie. Cette collecte d'instants précieux procure un effet positif immédiat et augmente nettement notre bien-être physique et psychique.

Citant Roger-Pol Droit, Pascale Senk rappelle que « le haïku guérit de l'inattention qui est un des noms de la mort ». Le haïku ouvre au réel et au vivant qui nous entoure. J'ai donc décidé d'introduire la pratique du haïku dans mes séminaires, et elle est largement adoptée.

« C'est une véritable petite pilule de bonheur, cela aère l'esprit et on ressent une ahurissante fraîcheur », raconte Pascale Senk. Voici, à titre d'exemple, un haïku écrit lors de l'un de mes séminaires par une personne de 70 ans :

Cueille et accueille
Ton âge le permet
Pas d'écueil à vieillir

Transmettre

Avons-nous quelque chose à transmettre aux générations plus jeunes ?

C'est une question que se posent souvent les gens âgés que je rencontre. Que transmettre ? Comment transmettre ? Je vous ferai remarquer que poser cette question suppose déjà que l'on ait quelque chose à transmettre. Cela suppose que la personne âgée ait une image positive de sa vie et une certaine estime d'elle-même. Elle a appris quelque chose de l'existence et se demande comment le transmettre.

Dans les groupes de parole que j'anime au sein des résidences services, nous abordons cette question de la transmission. Certaines personnes ont commencé à écrire leurs souvenirs, d'autres acceptent de se faire filmer avec l'idée que leurs enfants et petits-enfants auront la curiosité de les regarder.

Plus on avance en âge et plus ce besoin de transmettre se fait pressant. Comme si laisser une trace de son histoire apaisait. De nombreuses expériences d'aide à l'écriture sont ainsi menées un peu partout. Jusque dans les services de soins palliatifs où l'on a constaté que les mourants approchent de leur fin plus sereinement, après avoir écrit leurs mémoires.

Je pense notamment à l'initiative de Valeria Milewski, qui écrit la biographie des personnes en fin de vie à l'hôpital Louis-Pasteur de Chartres.

Je suis frappée par la lucidité des personnes âgées. Elles se rendent bien compte qu'il existe un fossé entre les générations. Les enfants, les petits-enfants vivent dans un monde à eux, avec leurs codes, leurs habitudes, leur langage. Que va-t-on leur transmettre ? Des leçons de vie ? Va-t-on leur faire la morale, s'offusquer de leur comportement ? Les âgés qui ont acquis une certaine sagesse savent que cela ne sert à rien. Ils me disent que tout ce que l'on peut transmettre, c'est l'exemple.

L'exemple est donc la seule transmission valable. Montrer que, quels que soient les aléas du vieillissement, on peut vivre quelque chose d'intéressant et de fécond. Et transmettre la seule chose transmissible : la confiance faite aux jeunes dans leur potentiel, dans leur capacité à traverser les épreuves de leur vie.

Je me souviens du témoignage d'un homme de 90 ans qui avait reçu la semaine précédente un appel de son petit-fils de 16 ans, désespéré par une rupture amoureuse et avouant son désir de suicide. Le vieil homme l'a écouté, sans l'interrompre. Il n'a pas cherché à le dissuader. « Tu traverses la première grande épreuve de ta vie… Que puis-je te dire ? Ce que j'ai appris moi-même en vivant mes propres épreuves : on traverse, on avance, et en traversant on découvre en soi, au fond de soi, des forces qu'on n'aurait pas imaginées. » Qu'a transmis ce grand-père à son petit-fils, sinon la confiance à se faire dans les épreuves ?

Lorsque nous parlons de ce que nos enfants et petits-enfants attendent de nous, nous savons qu'en prenant notre vieillir à bras-le-corps, en montrant que l'avancée en âge peut être une aventure, nous leur transmettons évidemment quelque chose. Un exemple. Et puis nous leur montrons que l'on peut vivre ce que j'appelle désormais les « contre-valeurs » de la société.

C'est à l'occasion de la clôture du colloque « Les seniors, une chance pour la France[1] », que j'ai entendu Jean-Paul Delevoye, qui fut haut-commissaire aux retraites, s'adresser à six cents seniors : « Votre rôle dans la société tient à ce que vous transmettez. Or vous explorez les "contre-valeurs de la société". Ce sont ces valeurs-là, auxquelles notre modernité n'attache pas d'importance, que vous devez défendre. Parce que vous les vivez. Et notre monde en a besoin. » Il les a alors énumérées : la fragilité, dans un monde qui valorise la force ; la lenteur, dans un monde qui valorise la vitesse ; la disponibilité, dans un monde qui valorise la suroccupation ; le plaisir de la rencontre, dans un monde où les rapports humains sont régis par le pouvoir sur les êtres

1. Les 19 et 20 novembre 2012, au Conseil économique, social et environnemental.

et les choses ; le temps libre, dans un monde où le temps est contraint ; la douceur, la bienveillance, la confiance en soi, dans un monde si dur ; enfin l'être, dans un monde qui valorise le faire.

En guise de conclusion

Au moment où je termine cet ouvrage, j'apprends que le « bien vieillir » a été annoncé comme un axe prioritaire de travail du Conseil national de la refondation (CNR). Les politiques publiques semblent prendre enfin conscience des enjeux cruciaux de l'avancée en âge. Et du défi à relever ensemble, face au rejet massif de la vieillesse que nous observons au quotidien, et dont souffrent non seulement les plus âgés, mais la génération à laquelle j'appartiens, les baby-boomers.

Cette dernière sait que vieillir est une chance. Mais cette chance est à conquérir. Car vieillir en préservant son autonomie, sa santé, sa dignité ne va pas de soi dans un monde qui discrimine les vieilles personnes. Il nous revient donc de lutter contre l'âgisme ambiant qui se manifeste de mille manières : par le regard peureux que la société pose sur le fait même de prendre de l'âge, par l'isolement des vieilles personnes qui ont le sentiment de ne plus avoir leur place dans notre monde.

C'est pourquoi, faisant partie des vieilles personnes de notre pays, j'espère que l'annonce d'un axe prioritaire du « bien vieillir » ne restera pas un slogan, un effet de manche, mais qu'elle signera une vraie volonté politique d'agir concrètement et de manière cohérente, dans la durée, sur la prévention, l'anticipation et le financement nécessaire. Nous avons été échaudées par l'abandon définitif de la loi Grand Âge promise par trois présidents de la République, pour repenser entièrement l'adaptation de la société au vieillissement de la population. Nous avons donc un peu perdu confiance et nous nous disons à juste titre qu'il nous faut prendre en main notre destin, refuser fermement que l'on décide à notre place de ce qui est bon pour nous. Refuser qu'on nous infantilise.

J'ai tenté, dans ce texte, de montrer une voie possible : ne pas attendre le grand âge pour se préparer à vieillir, prendre son vieillir à bras-le-corps pour en faire une aventure *heureuse, féconde et intéressante.* Ce texte est donc un appel à la responsabilité de cette génération qui ne veut pas être un poids pour la société, et qui souhaite rester autonome et en bonne santé le plus longtemps possible. Il propose aussi un certain nombre de pistes, éprouvées et efficaces. Après, à vous, à tous, de les suivre…

Remerciements

Ce livre doit beaucoup aux deux groupes qui m'ont fait confiance en me proposant d'animer chroniques, conférences, séminaires, groupes de parole sur cette thématique d'un *vieillir heureux, fécond et intéressant.* Ils m'ont fidèlement soutenue dans le temps, et leur engagement pour que leurs retraités et leurs résidents puissent conserver leur estime de soi et leur autonomie est remarquable. Ils ont été des pionniers.

Je remercie chaleureusement :

— La mutuelle Audiens, et en particulier Patrick Bézier, Frédéric Olivennes, Isabelle

Thirion, Henri Bignalet, Sarah Nicaise, Sandrine Delgrange, Nora Taieb, Magali David.

— Le Groupe Domitys, et en particulier Jean-Marie Fournet, Guillaume Lelong, Frédéric Walther, Christine Daoud, Anne Brown, Sarah Oger, Caroline Moreau, Émilie Brière.

Merci aussi à tous ceux qui m'ont si bien accompagnée dans l'édition de ce livre : Thierry Billard, Susanna Lea, Emmanuelle Hardouin.

Table des matières

DU MÊME AUTEUR
(suite)

J'ai choisi de me battre, j'ai choisi de guérir, avec Claude Pinault, Robert Laffont-Versilio, 2014.

Sex & Sixty : un avenir pour l'intimité amoureuse, Robert Laffont-Versilio, 2015.

L'Âge, le Désir et l'Amour, Pocket, 2016.

Croire aux forces de l'esprit, Fayard-Versilio, 2016 ; Pocket, 2018.

Et si vieillir libérait la tendresse..., avec Philippe Gutton, Éditions In Press, 2019.

L'adieu interdit, Plon, 2020 ; Pocket, 2021.

Vivre avec l'invisible, Robert Laffont-Versilio, 2021 ; Pocket, 2022.

pca
cmb
édition pré-presse
livres numériques

44400 Rezé

CET OUVRAGE
A ÉTÉ ACHEVÉ D'IMPRIMER
SUR ROTO-PAGE
PAR L'IMPRIMERIE FLOCH
À MAYENNE EN OCTOBRE 2022

N° d'édition : 64857/01 – N° d'impression : 101386
Imprimé en France